U0897276

同频影响力

李海峰 金滢◎主编

台海出版社

图书在版编目（CIP）数据

同频影响力 / 李海峰，金滢主编 . -- 北京：台海出版社，2024. 8. -- ISBN 978-7-5168-3929-4

Ⅰ . B821-49

中国国家版本馆 CIP 数据核字第 2024BS2949 号

同频影响力

主　　编：李海峰　金　滢

责任编辑：魏　敏　　　　封面设计：DARAY

出版发行：台海出版社
地　　址：北京市东城区景山东街 20 号　邮政编码：100009
电　　话：010-64041652（发行，邮购）
传　　真：010-84045799（总编室）
网　　址：www.taimeng.org.cn/thcbs/default.htm
E-mail：thcbs@126.com

经　　销：全国各地新华书店
印　　刷：三河市新毅彩色印刷有限公司
本书如有破损、缺页、装订错误，请与本社联系调换

开　　本：880 毫米 ×1230 毫米　1/32
字　　数：200 千字　　印　　张：10.25
版　　次：2024 年 8 月第 1 版　　印　　次：2024 年 10 月第 1 次印刷
书　　号：ISBN 978-7-5168-3929-4

定　　价：69.80 元

序一

独立投资人、畅销书出品人　李海峰

我是通过五顿老师认识金滢老师的。**同频的朋友总是聊得很愉快。**我们第一次一起开会时，我留意到金滢老师的昵称是**"金靠谱"**。

我们当时**聊到成就客户，聊到业绩增长，聊到扩大影响力，聊到形成联盟，**也聊到出版合集图书这种形式的**适用度和可能性。**最开始我们只是做培训方面的探讨，毕竟我从事培训行业20多年，而金滢有在湖畔大学工作和在阿里巴巴铁军培训的多年经验。聊到结尾时，金滢提了句：海峰老师，我也打算组织出版一本合集。

于是，就有了今天这本我协助金滢编写的《同频影响力》。**"金靠谱"，果然靠谱。**

这本合集是我参与主编或者说出品的第五十六本合集。我之所以喜欢用合集的方式，是因为它**可以有效地提升陌生伙伴之间商务沟通的效率和效果。**每位作者讲述3000字左右，相当于做了10分钟的演讲。看完书后，等于听了30位伙伴的10分钟精彩发言。

我们倾听时，很多时候是被动接收信息，但阅读可以主动思考，收获更大。每次我编大家的文章的时候都会问自己：**这是一个怎样的人，做着怎样的事情？**

我们把作者的**二维码都放到书里，如果你找到同频的人，可以直接联结，**相互交流。我们想要加一个人，有的时候是因为他做的事情，也有可能是因为他这个人。

我也分享一下我的读书笔记，作为你的“开胃小菜”。相信你一定会在这本书里得到更多的收获。

金滢是同频新商学创始人，胡润 U30 中国创业领袖，福布斯环球联盟女性创业家，已陪跑 200 多位高客单创始人 IP。她分享了自己总结的 6 个创业真相，即：**构建高能量圈子；追求小而美的创业状态；“高徒出名师”；投资创始人自己；拥有同频共振的能量；做个人 IP 极具生命力**。她说：**我永远有选择的权力。当你内心坚定地做自己，全世界都会走向你**。期待与你深度同频，一起高能量创业，活出生命的松弛感。

叶明是想想我再告诉你（深圳）品牌管理咨询有限公司董事长。他曾做过江小白的首席顾问，被亲切地称为“小白哥”。他认为国货崛起，势在必行，中国必然会经历一个品牌情绪化的时代，**在未来的 5 ～ 10 年，任何一个品牌都有机会，都需要尝试品牌的情绪化建设。品牌的最大价值和今天用户思考的核心价值应该是成人达己**。

申晨是熊猫传媒董事长，中国新媒体营销专家。他说，**抓住客户的需求是这个时代营销最重要的一点**。卖货的基础逻辑包含 4 个重要方面：**满足客户需求、拿捏客户情绪、利用客户弱点、制造客户焦虑或者称为制造客户恐慌**。在红海中找蓝海就要将产品细化、分化、聚化，**产品和营销的本质关系要“守正出奇”，就是要拿产品的品质去守正，然后拿品牌出奇**。

欧德张是布道教育创始人，前阿里巴巴大政委。他在前 15 年的职业生涯中，有 5 年在做渠道管理，有 5 年在做零售管理，有 5 年在做直销管理。他用自己的经历告诉读者：企业要创新，但其实每个人也应该不断创新自己的人生。而他现在的使命是，以专业陪伴成就组织之美。他计划在未来 20 年陪伴 1 万家企业，用更长的时间去影响更多的企业。

刘蕾是《创业中国人》节目创始人、出品人、总制片人。她分享了自己从广告到综艺节目制作、电影制作，再到现在深耕创业中国人商业的新质生产力的创业服务平台的职场经历。她认为长久地创造价值比价值本身更重要。垂直、专注、打磨，把简单的事情做到极致，主动争取机会，正确面对自己做不到的事情，充分了解所从事的行业才能更好地创业。

黄欢是知名电视人，商业顾问和危机公关专家，黄欢探索创始人。她被称为“创业届的百变女王”“生活里的美学杂家”。黄欢探索是第一家由中国女性发起的、面向全球中产女性的、探索中年女性二次绽放困境解决方案的机构，它包含她传播、她教育、她经济、她空间、她公益五大板块。她希望为女性探索中年后的情爱出路、兼顾家庭的创业模式以及浪漫养老的各种可能。中年女性也配得星辰大海、美梦和喜欢。

依依是同频新商学联合创始人，金滢商业 IP 合伙人，深度陪跑 200 多位创始人通过打造 IP 完成影响力变现。**低配的出生，高配的养成，成为她一生的底气，让她不胆怯、不害怕外面的世界。**她在互联网行业、实体行业打拼，自主创业，一直在坚持做新媒体，**跟随新媒体成长，也一路接受精神和灵魂的富养，她勇于直面所有的困难和挑战，坚持修炼硬实力，成为最懂创始人 IP 的操盘手，为品牌赋能，为企业打开增量入口。**

千万姐是 AI+ 银发赛道创投人，熊猫女王品牌主理人，前天猫服饰总经理，前七匹狼 CEO，GXG 千万姐。她说，她的乐观坚韧来自无惧，**人从出生开始就向死而生，无畏便无惧。**所以，她无惧职业生涯的每次选择，**市场会有意外，人生也会有意外，归零重启成了常态。她在一次次归零重启中，成为自己想要的样子。**希望她的故事能激励你在自己的道路上勇敢前行，成为自己生命的设计师。

五顿是元力觉醒 CEO，前 CCTV 演讲撰稿人，《演讲的逻辑》作者。这个世界的红利，早已向擅长表达者倾斜。他认为，**个体脱颖而出有 4 个关键：任何场合的关键发言，要透过你的人生经历，对行业和事物的认知、审美去吸引同频共振的伙伴；做 IP，就是将你的知识产权、文化、价值观和行业认知显化，与用户建立深度共鸣；要在别人的场域去表达，双方形成一个**

联盟，互相站台，互相托举；在产品易被替代的当下，谁能更好地表达，谁就能赢得市场。他坚信，每一次发言都是一个机会，会让个体的专业与价值被看见、被理解。

刘小钧是知己时代创始人，多产业独立投资人，杨澜天下女人研习社东莞社长。和谐、充满爱的家庭是她一生的底气，虽然也曾遭遇破产，但她依然坚韧成长。创业成功，她没有就此止步，她想帮助更多企业家一起突破发展困境。她希望**彼此支持、彼此托举，当一个人有了财富，不叫有价值，能够带领更多的人拥有财富，才叫有价值。她说，只有不断地挑战自我，才能实现人生的圆满。她相信，只要我们坚持做难而正确的事情，生命之花就能在风雨中绽放，在阳光下传承。**

高洁深耕美业 11 年，3 年时间一对一做门店运营陪跑 33 家，线上线下累计学员 2 万余名。她讲述了自己专注美业 11 年的故事。亲身经历过几乎所有的行业挑战后，她认为**情怀不应成为商场上的负累，专业也不应该是成交路上的障碍，两者都应该成为通往成功路上的底气。**美业项目获取**高利润的核心就是品项搭建。**品项搭建主要靠**两个思维，一是复利思维，二是地图法则。**她期待**助力 1000 家美业门店成为超级门店。**

美希是美希高能女性创业圈创始人，福布斯环球联盟女性创业家、女性高客单价操盘手，赋能上万名女性成长，年营收过亿元。她在美业创业 10 年，不仅实现了自我价值，更陪伴了近万名女性在美业拿到了成果。她认为**美业是一个真正属于女性的行业，只要你有梦想，就可以在这里找到同路人互相鼓励，互相帮助，互相照见。未来，她将致力于陪伴更多女性走向自己丰富多彩的人生。**

尤妮是尤妮蜜语 MCN 创始人，百万氛围感博主，福布斯环球联盟女创业家。她讲述了自己的人生故事，她说**真正的自由来自内心的勇敢和创造力的释放。**女性不应该只有一个评判标准，而是应该做不被定义的自己。她希望和更多女性一起**做好事业，体验生活，拥有爱自己和爱他人的能力，一起在生活、工作、经历中去感受女性智柔的神秘力量。**

郑铮一是跨赛道的连续创业者，16 年培训咨询行业老兵，女性创业者社群操盘手 + IP 深度陪跑。她分享了自己 4 次创业的经历，有成功也有失败。她认为，**不如意的经历是自己重新开始的起点，利他的分享可以带来转机，抓住机会的核心要素就是看见自己的优势。她希望能持续记录遇见并看见彼此的故事，呈现女性创业者看见的能量。**希望读者们能从她的创业故事中找到自己的答案，得到前进的动力。

奋斗（裘烨春）是即兴的智慧主理人，商学院即兴表演教练，师从斯坦福戏剧学院教授。他通过学习即兴表演、参与即兴表演、以即兴创业，感悟到人生每一个选择和角色都是带我们到了一个地方，而勇敢的选择带我们成为自己。他说，一个人能够一辈子认真努力地为梦想奋斗，就算成功了。他希望和这类创业前辈一样，但行前路，莫问前程。

陈思是幸福家庭实修文化推广者，生命能量导师，厦门大学心理学特邀教师。她经历了自己人生的三大关卡：情关、钱关、生死关。她最终投身于生命教育，放下职业光环，回归内心，从零开始。这是她的勇气。她的成长过程，是一个不断自我疗愈、获得内在力量的过程。她认为自己的使命就是把工作作为爱的管道，服务来到她身边的人，支持他们活出充满希望的人生。

Lily 是 Libi Studios（利比珠宝）创始人，NGTC 珠宝鉴定师，PPL CRYSTAL 品牌主理人，西安交通大学 EMBA。她分享了自己看似一帆风顺的成长过程，其实也是女性觉醒和成长的过程。经历过品牌危机，她认识到：不管是个人还是品牌，都需要不断升级迭代，只有这样才有足够的抗风险能力。她希望通过创立个人 IP 的形式，讲述她的价值理念和女性在独立成长过程中的思考，希望通过自己的一点力量，去影响更多的女性关注自己的内心所向、自身的成长与幸福。

玮琦是福布斯环球联盟创新企业家，上海元合、上海大驰创新联合创始人，工艺美院特聘讲师。她相信**观世界才有世界观，所以她去不同的地方，见不同的人，看不同的生活方式，开阔眼界和认知，做更准确的选择。**她用了20年，从背后无人支撑到成为一个不断支撑他人生命发展的人。**她说未来还有很长的路要走，专注当下，脚踏实地，她要和同频共振的人一起感受和体会这个世界的丰富多彩。**

米娜是全球遇见创始人、首席品牌官，她用10年深耕私域赛道。一路奋战，平凡的她创造了不凡的人生。通过创建创业者平台，她发现**不管是人生还是创业，都要先人格独立，再经济独立，财富积累和自我迭代是一场马拉松。**她希望**在创业的路上，不断遇见灵魂契合的人，生命不息，折腾不止。**

吕昕亭是Buds & Buddies Mandarin创始人，蒙台梭利AMI0-12认证老师，美国纽约顶级私立学校中文老师。她以自己职业道路的曲折证明人生的每一步都充满了意义，**梦想虽然可能会被现实暂时遮蔽，但只要坚持和努力，最终一定能够实现。**她致力于教育事业，将中美文化融合的理念融入她的教学和生活中。未来，她希望**能够继续在教育领域深耕细作，将中文启蒙和蒙台梭利教育的理念推广到更多的家庭和学校中。**她也期待与更多志同道合的朋友们共同进步，一起分享教育的乐趣和成果。

茱迪是杭州媛颂医疗美容机构高级主任，媛颂集团讲师，2024年文曲星设计师比赛评委，实战面部美学抗衰老设计师，国际健康咨询师，敦煌戈壁丝绸之路传承人。她从全职宝妈重回职场，进入医美行业从零做起。她不仅帮助了上千名女性发现了自己的美丽，更帮助她们找到了自信和力量。她相信，**每个人都有追求美的权利，每个人也都有改变自己命运的能力。**她用自己的经历告诉世界：**只要有梦想，有勇气，有坚持，每个人都能够创造出属于自己的精彩人生。**

江丽是钻石红新滋补品牌创始人，一级健康管理师。她深耕有机行业11年，在全国有合作商4000余家，带领1000余人走上健康饮食美好生活之路。她通过食物自然疗法实现癌症自救，因此想把这种方法传播出去，让更多人受益，并坚持10年推广食物自然疗法。**她要用大自然的智慧告诉更多人，健康其实很简单，改变一日三餐就可以做到。**她希望**改变大家的饮食模式，教大家学会智慧养生和生活，在一日三餐里找到幸福感。**从癌症中重生的她，希望**用生命影响生命。**

槿娴是抚星辰芳香疗愈SPA空间创始人，IFA国际芳疗师，半莲植物护肤品创始人。30岁之后，她在精油的芳香中找到了与自我和解的路径，离开了按部就班的生活，开创了一片属于自己的芳香天地。她相信，**身体的疾病往往是心理问题的反映，而精油能够帮助人们找到内心的卡点，达到真正的放松和平衡**。她希望通过自己的经历和专业知识，传递一种健康和幸福的理念——**每个人都应该学会倾听自己身体和心灵的声音，找到适合自己的疗愈方式。她不仅是一个创业者，更是一个幸福感的实践者和传播者。**

姜暖暖是正信家族办公室合伙人，健康管理事业部负责人。她分享了自己的成长经历和对职业道路的多次探索，最终进入大健康行业。她通过为大健康企业商业赋能的方式，**让更多人享受到权威的综合健康管理解决方案，帮助千万家庭打下身体健康的基础**。她说，**在人生不同阶段，去体验、去丰富生命，都是为了成为自己，用成为自己的力量去滋养和陪伴别人。**

陈婉玲是十年品牌营销人，大健康集团企业高管，亿级品牌操盘手，商业品牌营销顾问。她讲述了自己坎坷的求学经历，**为了改变命运，她一直在坚持学习**。她知道，**人永远赚不到自己认知以外的钱。这个世界，人与人之间，最大的差距不是能力，而是信息、认知、圈层**。她深耕品牌营销领域十年，服务众多品牌，并从中学会用经典智慧赋能商业，赋能品牌。未来，**她还会在商业领域继续深耕，成为优秀的商业操盘手。**

羽仟是国家一级婚姻家庭咨询师，畅销书《幸福婚姻七堂课》作者，完成了1万多个婚姻咨询、伴侣治疗案例。婚姻失败后，她熬过了最艰难的夜，开始深耕心理学与自我成长，想要治愈自己，也为了实现自己的梦想：帮助在婚姻中苦苦挣扎的人。**最终她修复了数千个家庭的情感裂痕，更帮助数万女性找回了自我价值，教会她们如何在爱中保持自我，如何在婚姻中实现真正的平等与尊重。**未来，她将继续致力于婚姻咨询事业，用她的专业知识去帮助和影响更多人。她期待，**每个人都能拥有甜蜜的情感，幸福的婚姻。**

李昕蒙是城市色彩规划师，生命健康管理师，徐州市西蒙城市色彩设计有限公司董事长，中国控糖食品科技有限公司联合创始人。她一直走在中国色彩搭配行业的前沿，她说，**每个人都是一个闪光的能量体，需要一种外力和内力去碰撞，才能碰撞出生命的火花。**而她就与色彩规划碰撞出了生命最璀璨的火花。如今，她躬身入局唐潮低 GI 食品及控糖产业，帮助人们三餐减糖，日常控糖。她觉得，**创业就是一场人生修行之旅，每个人都需要完成从平凡到非凡，再回归平凡的英雄之旅。**

张志强是世界三大数学新猜想提出者，清华大学访问学者，山西大同大学副教授。他讲述了自己少年时期如何对数学产生兴趣的故事，并描述了自己的世界三大数学新猜想。他期盼着，**与有缘人设立奖金，用于奖励那些能够证明这些猜想的人，一起做一件贡献人类科学发展的事。**

恒星是前日本电子企业部门管理兼翻译，餐饮行业合伙人。她从小自由、独立，而事业和生活的同步发展也让她认识到**人的潜力是无穷的，只要你想要去做**。人到中年，她决定不再追求凡事有结果，而是每天踏实地在生活中发现和记录美好。**她说，允许自己做自己，允许别人做别人。**

庞霞是喜心家食品创始人，10 年私域社群运营，国家广播电视总局全媒体运营师。她分享了自己的复利人生。**家族传统是传承复利，它不是一种束缚，而是一种力量。**她创立品牌，用品牌复利为家乡文化代言。她坚信，**每个人都有自己的使命和价值，而她的使命就是将这份传统美食和美食文化传承下去，并将它发展成为世界民族品牌。她希望影响更多的女性勇敢追求自己的梦想，帮助更多的女性轻松创业，活出持续向上、喜悦的精彩人生。**

这30位创业创始人，有着30个不同的人生故事。

每一个人都是一个小宇宙。只要愿意发射信号，就能找到更多同频者。**我常常说，你赞美别人的你都拥有。**你幽默才能懂得别人的幽默，你善良才能识别别人的善良，你有爱才能感知别人的爱。同频的美，超出我们的想象。

让我们**定位同频**，找到那些与自己的价值观、思维模式、生活方式契合的人。

让我们**认知同频**，共享观念和情感，建立牢不可破、彼此滋养的联结。

让我们**影响力同频**，汇聚能量，结伴生长，共同照亮更加广阔的人生。

这不仅是一场寻找之旅，更是一次自我发现之旅和创造之旅。我们在寻找同频的过程中，会更加深刻地理解自己，更好地创造价值，更多地为彼此喝彩、为世界加分。

同频，让生命影响生命。

序二

金滢

“同频”二字是2017年我和30位阿里巴巴的企业家在当时的“湖畔大学”里共创出来的，因为创业多年后，我们发现人生的追求不过是与“同频”之人一起去做一件有意义的事情。

于是，“同频”二字便深扎在我的心中。而后，我结束了在杭州阿里巴巴生态3年的工作，到北京中关村工作2年，再到深圳湾创业5年，我拥有了30万付费用户，而这些都是因为我打造的“同频影响力”的精神支撑。

因为同频共振，所以无论我们是在家庭环境、创业环境，还是在就业环境中，我们都需要打造自己的影响力。我们不仅是个体的存在，也是社会关系的总和。影响力有助于我们在事业上取得成功，并在生活中获得幸福。

于是，我邀请了 30 位企业家创业者一起来完成这本《同频影响力》，我始终相信，唯有生命会影响生命。

我从一个庐山脚下的小镇姑娘，到今天成为有机会向市场发声的人，都得益于在过去 10 年中影响着我的一个个榜样和战友，是他们的生命影响着我变成今天的自己。于是我邀请他们参与写作这本书，期待他们也像礼物一样出现在你的生命里。

我们来到这个世间，便参演了一部“人间戏剧”，愿你把这场戏当成自己的“游乐场”，自在享受，随心安喜，也不枉来这一趟。

让我们一起，用生命影响生命。

目录

CONTENTS

从影响百万女性

到成为自己人生的英雄，

活出生命松弛感

金 滢

同频新商学创始人　　胡润 U30 中国创业领袖

福布斯环球联盟女性创业家

已陪跑 200 多位高客单创始人 IP

2021 年，我怀揣品牌梦想，把公司现金流做到几千万元，公司估值过亿元，吸引了全球 500 个合伙人加入。我终于从一个出生在江西的小镇姑娘，走上了梦想的舞台，成为胡润 U30 中国创业领袖。

也就是在这一年，公司从 100 人变成自己 1 人，我的人生陷入至暗时刻，而我也几乎抑郁。很多人都没想到曾经“为无数人带来光明”的“小精灵”，陪伴 10 万女性创业者成长，照亮大家生命的人，也曾在无尽的黑暗深渊里爬不起来……

我曾这样形容那个时候的自己——坠入了一个一直下坠的黑洞，无尽的恐惧笼罩着我，有整整一年时间我都在这样的黑暗里挣扎。我想：低谷时长根，此时不修心，何时修心？

这篇故事讲的就是我找回自己的高能量的经历，用一年时间逆风翻盘，重建生命之路，找到了我的人生使命。

经历蜕变，我深刻体会到一句话：我永远有选择的权力。

当你内心坚定地做自己，全世界都会走向你。深度扎根，不随波逐流。你有能力给自己带来多大的痛苦，你就有能力为自己创造多大的幸福。因为能量是守恒的，因为那个推动你的力量是你的。

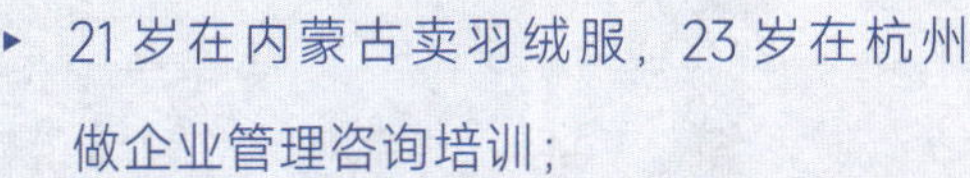

你好，我的朋友，我是金滢。

- 21 岁在内蒙古卖羽绒服，23 岁在杭州做企业管理咨询培训；
- 24 岁进入阿里巴巴生态操盘“阿里巴巴铁军商学院”项目；
- 25 岁到北京中关村融资 500 万；
- 28 岁创立全国第一女性教育平台，拥有 30 万私域付费用户，估值过亿；
- 30 岁成为胡润 U30 中国创业领袖。

在这段高密度的人生里，我收获了很多标签：逆袭、阿里巴巴铁军、福布斯环球联盟女性创业家、胡润 U30 中国创业领袖、同频新商学创始人、高客单 IP 变现顾问、女性创业导师、社群高手、30 万女性付费平台创始人……

可没有人知道，我站在领奖台上的高光时刻，也是我人生的至暗时刻。

胡润百富
HURUN REPORT
5周年
Hurun U30
@China

胡润百富
HURUN REPORT
2021 胡润Under30s中国创业领袖颁奖典礼
胡润U30中国创业领袖

在深圳近 5 年的创业时光里，我连续 3 年全年无休，一周奔波在 3 座城市，大家都叫我“创业疯子”。我和合伙人一起把公司做到估值过亿元，却又惨淡离场。

回忆起这段创业的经历，是 27 岁的我从杭州义无反顾地来到深圳湾 1 号之后，我掏空家底、自负盈亏创业 3 年，最终因为与合伙人目标不一致，我 0 元退股。

因为腰肌严重损伤，我需要花一年时间恢复身体，每天做康复治疗。这段黑暗的时光里，只有我一个人。

我不禁思考，创业的真相是什么？人生幸福的真相是什么？

我用一年时间全面断舍离，深度思考；遇见恩师，重新开始调整能量，找回高能量的我；逆风翻盘，连续 3 年带着团队完成

千万元营收，并且成为福布斯环球联盟女性创业家。

我站在台前做自己的高价值、高客单 IP，1 年完成 20 个品牌私域增长方案，单价 55 万～100 万元，完成千万营收；深度陪跑 200 多位高客单创始人 IP，把我的全新商业模式“1 人千万公司模型”进行复制；带领 IP 全网增长精准粉丝，引流私域做高客单价产品变现，让用户持续复购。

所以，现在的我只有一个核心标签：高客单 IP。我的全新定位：高客单 IP 变现顾问、品牌私域增长顾问、创业者生命成长私塾老师。

看看我的 6 个创业真相总结，你一定会深度同频。期待与你江湖相逢，一起在同频的高能量中创业，实现松弛人生。

01

拥有高能量的圈子，同频的战友，能够造福一生

——从被开除的四季青档口小妹到阿里巴巴铁军商学院操盘人

从江西农村走向社会的第一年，我毫无头绪，那年我 21 岁，根本不知道该去哪里，于是茫然的我去内蒙古卖了一年羽绒服。22 岁时，我从内蒙古转战杭州，一开始住在四季青附近的张家河弄，房间终日不见阳光，5 个女孩挤在一间 40 平方米的小屋子里，因为我最娇小所以睡沙发。

我清楚地记得当时 3 个月的租金只需要 800 元，现在想想简直不敢相信。因为房间阴暗潮湿，满地蟑螂，而我就在这样的环境里面住了 2 年。

刚刚到杭州时没有人脉、没有朋友，我只能到四季青做档口小妹。因为羞于开口，无法大声吆喝叫卖，我上班第一天就被开除了。我的自尊心受到了史无前例的打击。再加上我无法融入这个圈子，我决心彻底脱离这个与我不相容的地方。

在这样的决心下，我做的第一件事就是打车去阿里巴巴的滨江总部。因为我是金庸迷，而阿里巴巴的金庸文化和其当时引领的互联网浪潮，让我心向往之。现实是我没能走进大门，在门口就被保安无情地拦下了。我远远地看了一眼阿里巴巴所在的大楼，心里想：总有一天你们会请我回来！

就这样，我开始了我的换圈子之路。我在杭州的和平人才市场经面试进入一家企业管理咨询公司。我当时憋着一股劲，每天站着打 100 个电话，常常被骂。就这样，我连续打了 3 个月的销售电话，硬生生把自己“打”成了销冠。

思想决定命运，思想源决定思想。我们都知道思想决定命运，但是在实际中，往往是你所在的圈子决定了你的命运。因为每一个你所在的圈子里的人会成为你的思想源头，这些人输入的信息会在潜意识中影响你。而这些潜意识决定了我们的一生，这就是为什么我们要主动为自己构建圈子。

我就是在构建圈子的过程中遇到了一个贵人，他带我进入了我人生的第二个圈层：阿里巴巴。我做培训开发的一个会员客户，是马云“太极圈”的成员，是他带我进入阿里巴巴生态开始操盘

“阿里巴巴铁军商学院”项目。在这个项目里，我做了 5 场“阿里铁军千人峰会”，近百场“阿里寻梦之旅”“阿里百大内训”“阿里橙功营”“阿里 KA 客户（大客户）湖畔大学培训”等。同台演讲的老师有刘润、宗毅、赵迎光及阿里巴巴各个大区总经理等。

在这个过程中，我的微信私域积累了 3000 名阿里巴巴管理层及阿里巴巴企业家。直到今天，仍有阿里巴巴的客户为我付费 55 万元做全案私域咨询。

我们努力一生，就是为了换一个好圈子。换圈子不是说我们看不起任何人，而是我们要不断换到同频的圈子，找到与自己的价值观一致的圈子，共同创造价值。就如，是阿里巴巴把我推向了人生的高光时刻。

02

小而美才是幸福指数最高的创业状态

——3 年盲目扩张让我坠入深渊，从“过亿营收”到“回归真我”完成 1 人千万公司

2018 年，我看中了女性知识付费赛道，从杭州带着一个行李箱单枪匹马到深圳湾 1 号开始创业。我用我先前积累的人脉和资源做知识付费产品，因为师资力量真的很强大，由湖畔大学、中欧的老师和学员给女性创业者讲商学，产品一经推出就卖了 150 万元。我们怀着做大的心把总部落地深圳湾 1 号，同时引进了 2 个投资人。就这样，3 年的创业时间，我每周辗转于 3 座城市讲课，不是在飞机上就是在去机场的路上，终于在 2021 年把公司做到估值过亿元。

我当时曾创下了纪录：带着公司总部6个市场负责人负责全国500个市场渠道合伙人，每个月现金流500万元。这在当时的知识付费圈是一个“传奇”般的存在。

2021年，我和合伙人想要的发展方向不一致，我0元退出公司。带着一身病痛和撕心裂肺的心理疼痛，我的人生陷入至暗时刻。

也是在这个时候，我遇见了我的恩师。黑暗中遇恩师，是我一生的福气。他问我：“金滢，你究竟在追求什么？”

这个问题让我开始思考。对啊，我在追求什么？我要的不是好看的抬头和标签，我要的是幸福的生活和真实的利润。

我开始重新思考商业的规律。过去只有做大组织才有利润，但如今商业已经变了，不是做大规模才有利润。未来一定是有深度才有利润，一定要深耕一小部分人，组织也要变小。**在未来只有做小组织、做深才会有利润。**

经过一年时间的修复，我决心拒绝托付心态，100%为自己的人生负责。我开始站在台前做自己的创始人IP。**我要深度扎根自己的“1”，让它长出自己的“10000”。**

没有办公室，我就把自己关在家里做直播、拍短视频。我没有场控、没有直播运营、没有助播、没有文案、没有拍摄人员，唯一有的就是不变的信念。我一个人写公众号文章、对接客户、梳理产品、接流量、做交付。全部流程都是我自己一个人做。我必须向下扎根，向内耕耘，打造自己的长期价值。

3 年时间，我拍了近千条短视频，直播 300 多场，完成了自己的商业 IP 影响力，私域沉淀了 20 万创业者粉丝。通过 3 年实践，我发现流量不再是梦幻泡影，不可捉摸。创始人 IP 是今天最好的一条渠道，也是创始人打破自己、找到自己的一条探索之路。

就这样，我在一场场直播中走了出来。我搭建了自己的小而美的团队，我发现做创始人 IP 是非常值得的，是唯一组织小、垂直深入又能够变现的绝佳方式。

我也从之前的纠结痛苦走了出来，变成了一个坚定不移、不随波逐流的人，学会了对自己 100% 负责。

我通过“创始人 IP+ 直播 + 私域发售”完成了自己的个人品牌商业之路，做到了做小组织又赚钱。

03

“高徒出名师”——厉害的人说你厉害，你才是真正厉害

——用户从三线宝妈群体变成了付费百万明星创业者

做高客单 IP 是变现的最高级玩法。我看到很多人在做 IP，但做之前都没有考虑变现，要么做不起来，要么做起来但变不了现。我接触了很多公域百万粉丝博主，他们都是来咨询我怎么变现的。

我们探索出了通过 IP 做商业化变现的最优方式——打造创始人 IP。创始人 IP 需要精准粉丝，量可以不大，但变现力要强，变现都是以万元为单位。

这一年，我通过个人 IP，接了 20 多个品牌方的合作，单个品牌方案单价 55 万～ 100 万元，完成了近千万 ToB 营收。品牌方都是明星企业，如百雀羚、阳光名店、LOVITA 珠宝、妙研生物、心灵美学等。

通过帮助品牌完成私域 10 倍增长、创始人影响力曝光、私域高客单变现，帮助品牌切实拿到成果，我得到了客户的认可。随着口碑的传播，咨询我的客户源源不断。

2024 年，国内品牌公域流量遭遇巨大瓶颈，公域流量投流越来越贵。除了贵之外，投流还不一定有用，大量品牌纷纷把目光放到了私域上。但每一个品牌由于品类、客单、毛利不一样，做私域的玩法也大不一样，没有一套私域的方法适用于每一个品类。

在品牌落地的过程中，曝光费用越来越高，我发现与其花 100 万元投流，不如鼓励创始人站到台前做 IP。用户既能第一时间接触到创始人的品牌文化、精神，更能通过搭建创始人的私域系统帮助品牌完成增长。

我们支持了一批创始人通过“创始人 IP+ 私域 + 直播”的方式走到台前，真正帮助企业降本增效，并通过做创始人 IP 打造和创始人私域商业私教的 ToC 服务，帮助用户卖得更多、卖得更好。

做可变现的高客单创始人 IP 才是王道。创始人从幕后走到台前，是创始人带动企业寻找新方法的最快路径。投入百万营销，不如做一个有价值的创始人 IP。

与此同时，我带着我的“1 人千万公司模型”的高客单 IP 方法论陪跑了 200 个老板的商业 IP。他们都是一线城市年营收 1000 万到 1 亿元的优秀创业者，他们经常说的一句话就是：我做 IP 就认准金滢，金靠谱！

04

创始人本身就是一幅值得终身打造的作品

——最值得投资的人就是创始人自己，讲述好自己的英雄之旅价值千万

好的商业，好的 IP，一定是让你动情了。品牌背后的价值就是相信。谁相信你，谁就会为你买单。

2021 年，我的第一篇 10 年体“英雄之旅”横空出世，完成公域私域陪跑百万曝光及百万变现。

我对内容非常敏感，第一时间嗅到当时内容的风向，马上开始启动新媒体团队做短视频内容，**10 年体值得反复做，做 10 年**。

- 我的第一篇“英雄之旅”故事《我的 10 年》收获了第一批“999”线上会员；
- 我的第二篇“英雄之旅”故事《至暗时刻》促进售出百万的金滢商业私董会；
- 我的第三篇“英雄之旅”故事《回归》吸引了 100 个老板找我做商业 IP 陪跑。

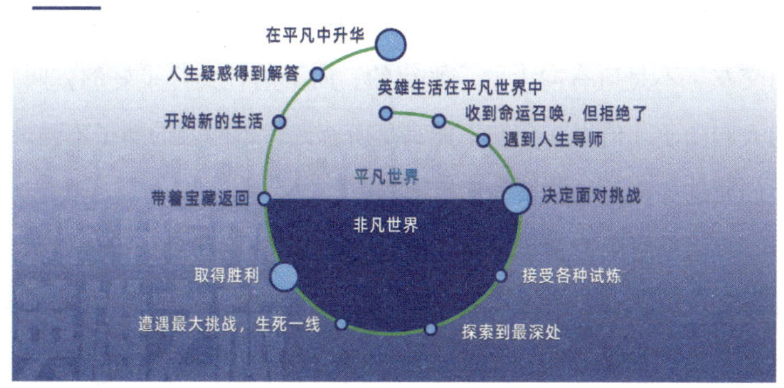

讲好自己的故事价值百万，今天这个时代的红利已经无限向擅长表达者倾斜。每一个创业者的人生都是一幅美好的作品，值得被记录，而用户也更愿意看故事。

相信我，创业者的“英雄之旅”永不过时，每个创业者都值得把自己的故事再讲一遍。

05 能量是最宝贵的财富，能量高 1 倍，财富高 10 倍

——同频共振，定向交友

作为一个从三四线城市走出来的小镇姑娘，我经历了大学辍学、北上打拼，到大厂裁员，再到创业，我把首个女性创业平台

做到了估值过亿，中间又经历了0元退出。

我用一年时间重新起航，逆风翻盘，同频共振让我学会了定向交友。不是所有向上的、平行的、向下的社交都是好的，同频的人和圈子才值得。我们不能满足所有人，不能融的圈子不强融，我们要选择能同频共振的那一部分人。

我做销售的原则永远是“阳谋营销”。我会明确告诉用户，我能给什么，不能给什么。在我这里，没有过度承诺，只有远超承诺的交付。明确交付价值，明确价格，用户反而会深度认同，追着我付费。

之前的3年，我没有对用户做严格筛选，来的人又多又杂，我每天跟上百个客户交流、梳理、交付，心力消耗严重不说，每周还要飞往3个城市讲课、收单。长时间的消耗让我极其痛苦又害怕，过度承诺让我完全没有办法交付。那个时候我就在想：我什么时候能讲真话，活得像个真实的人呢？

做金滢创始人 IP 后，我做的每一个课程都遵循“近悦远来”的原则，而且“越近越喜”。

所以，我的商业生涯规划有 3 个原则：

1. 坚持“窄门原则”，只跟同频的人建立同频的关系和合作

我们的人生是需要窄门的，窄门才有张力。门不是打得越开越好，而是要学会让同频的人进来，让真正认可你的价值的人进来。选用户、选合伙人、选合作伙伴、选伴侣，都需要坚持“窄门原则”。当我们有了自己的原则和态度，我们就拥有了人生的主动权。

2. 坚持做高客单 IP 私域变现

做高客单 IP 就会吸引高客单用户，全网做精准粉到私域做高客单产品复购。让 1000 个超级用户为你复购 10 年。这是一套可以打破商业周期的商业模式。

3. 构建高能量同频影响力联盟的圈子

我是圈子获益者，如今我已然成长为一个有一些影响力，可以为他人做一些有价值的事情的人。我要把得到的东西反哺给身边有需要的朋友，长期帮大家在离赚钱最近的地方找到“真实”信息差，和同频的人一起成长、创造未来，通过生命影响生命。让我们一起掌握生命规律，顺势而为，成为高能量创业者，活出生命的松弛感。

06 什么是 IP
——做真实的自己，让生命影响生命

究竟什么是 IP？

IP 是人们经由你看见一个全新的世界，那个世界里有山川湖海、有商业价值、有新的可能性。每一个人从走向做 IP 的那一刻起，就走向了“找到自己”的路，找到自己后便可以照亮更多人，无论是影响 1000 个人还是 100 万个人，能让他人的生命能量发生变化就是一个极具生命力的 IP。

2023 年前后，催生了互联网流量的新一轮高潮，互联网红利走向了勇敢拥抱镜头的人。在第一波互联网流量周期，我在阿里

巴巴生态 3 年，培训了 1 万多名阿里巴巴企业家。后来，我亲历了“大众创业、万众创新”的互联网创业热潮，在北京中关村看过上千个商业项目。最终，我躬身入局流量的洪流，实现了个人 IP 的影响力和变现，探索出了最合适做内容的创始人 IP 这条路。

无论是内容创作者、短视频博主，还是商人、创业者，每一个都是我。不被世俗定义的人生才是真正的人生。我给自己的定义是，每 5 年重新“活”一次，活出全新的自己。我想不断走向世界，走向辽阔，找到自己。做 IP 最大的意义，是让生命影响生命。

我是金滢，很高兴认识你。

品牌情绪化

表达的时代已经来临

叶 明

想想我再告诉你（深圳）品牌
管理咨询有限公司董事长

我是叶明，大家都叫我小白哥，因为我跟江小白的深厚缘分。我因缘分结识了江小白创始人陶石泉，成为江小白首席顾问，见证和陪伴了江小白6年的成长。2018年，我开创了自己的公司——想想我再告诉你品牌管理咨询有限公司，公司的Slogan（口号）是“你美你说的都对”。

作为一个“70后”，我经历了从凭票买自行车、买冰箱，到自由买房买车的时代变迁。在我看来，中华民族之所以强盛不衰，源自炎黄子孙的数千年文化传承，源自我们几千年无法动摇的文化根基。那么反过来看，当一个品牌的营销需要去开拓一片新市场，文化先行就显得更加重要。例如故宫IP的成功打造，就是因为它的文化根基深扎在我们中国人的心中。

我们赶上了一个非常好的时代，一个非常适合创业的时代。中国经济经历了从计划型经济扶持国有制经济开始，到市场经济扶持民营经济和个体经济，到互联网经济时代扶持中小企业，再到大众创业万众创新，扶持以个体为核心的企业和发展。**未来的5～10年国家经济将以零工经济为主体，是以热爱为核心的，而不是以赚钱为核心的；是以实现社会价值为导向的，而不是以实现利益价值为导向的。**

01
为什么说国货崛起势在必行

改革开放40多年来，随着时代的发展，中国的供应链迅速崛起，劳动力红利和人口红利在逐渐消失。“Made in China”代表的是中国好品质、好产品，但是由于中国好的品牌较少，所以我们的产品很难溢价。

纵观日本、韩国、美国、法国走进中国的产品，真正的溢价都是来源于品牌。国货的崛起是势在必行的，这是日本和韩国都经历过的阶段。小众品牌经过多年的积淀和发展，才能成为大众品牌，这需要一个成长过程。就像LV走到现在，经历了170年的历史。

国货想要崛起不仅要有好质量，还要依托于好的民族文化。这两年，红星尔克、李宁、白象这些品牌的发展，都饱含了爱国主义情怀在里面。所以中国的商品要走出国门，便不再单纯地代表中国质量，更是代表中国精神。

在过去的一段时间里，大家觉得江小白的文案写得好，其实是因为江小白对场景洞察得深，讲出了人物和场景发生了哪些故事。

Slogan并不是凭空想出来的，而是基于场景、产品、团队、客群，加上多维的分析和用户数据分析之后得出来的。

无论做任何商品，第一是要做品牌的情感化建设。要让用户感受到这个品牌是有温度的，听到 Slogan 时可以感同身受。**第二是要做用户的内容化建设。**如何打造大量的移动化的内容、感性化的内容是关键。除此以外，深化全渠道建设、营销的工具化建设，也不能忽略。

任何一件商品，必须符合它存在的场景，如果不匹配就会显得突兀。没有场景就没有内容，所以我们设计的产品内容一定要符合场景。如果不符合，宁愿没有内容，也不要乱造内容。

中国必然会经历一个品牌情绪化的时代，在未来的 5 ～ 10 年，我觉得任何一个品牌都有机会，都需要尝试品牌的情绪化建设。而所谓的情绪化表达，就是满足用户的底层需求，除了功能性需求外，还要在情绪上满足客户另一个维度的需求。

02 企业品牌 VS 用户品牌

过去 30 年我们所经历的，基本上都是由供给侧的能力决定的，但现如今是由用户端的决策能力决定的。比如 2023 年期间，格力、比亚迪用 10 天的时间就能迅速建立一个供应链体系，日产口罩 130 万片，这标志着中国供应链能力的强大以及新的时代大门已经打开。

伴随着 5G 技术的成熟、区块链技术的成熟、用户新政策的打开、用户能力的拓展，用户已经不再关注“你给我什么”，而是更加关注“我想要什么”。这决定了中国企业品牌时代的完结，也标志着各个产业的成熟度在高度提升。

中国迅速进入了一个用户品牌时代，用户们已经不再简简单单地满足于对产品功能性的需求，其核心诉求是产品要与我有关，使我感同身受、产生共鸣。拉面说和小仙炖成功的本质就在于它们满足了用户的情感需求，而不简简单单是理性的功能和价格需求。而感性需求要的是“我认同”。这个时候，品牌的 CMO（营销总监）需要站到用户端，想他所想、知他所知、玩他所玩。

过去，品牌是以企业这个“我”为核心的，也就是我有什么、我通过谁去卖、最终卖给了谁，全部以“我”的利益为第一诉求，整个渠道端和用户是一个博弈的关系。这强调的是消费品，是 To B、To C 的业务产品，而不是纯粹的 B To B 的产品。

今天，当我们的产品终将以 To C 的形态展现的时候，我们是不是能够重新去思考，去帮助用户，和用户站在一起。当我们对用户产生认可，对 B 端场景产生不满的时候，我们有可能倒逼整个供应链体系的变革。

因此，**品牌的最大价值和今天用户思考的核心价值应该是成人达己。**

即使是一个 To B 的企业，我们也应该帮助我们的客户站在用户的角度去思考。比如小仙炖创始人提到的包装箱，看起来就是一个非常普通的保鲜包装，但其实已经优化过近千次了。开箱的时候，消费者不需要使用剪刀，只需要拉开拉链，非常方便。这就是供应商站在小仙炖的角度，替他们思考如何让用户更加便利。再举个例子，华为手机的摄像头是徕卡的，如果摄像头不是徕卡的，可能手机的价格会降低很多。这样一个纯 To B 的企业，当他真的站在用户端去思考的时候，很多问题都能迎刃而解。品牌主们也应该从 C 端开始逆向思考，帮助别人，成人在先，达己在后。

以日本为例，他们经历了 4 个阶段的消费升级，我们也正在经历。第一个是国有化品牌的崛起；第二个是私人订制；第三个是更好、更便宜的极致性价比产品的盛行；第四个是产品情绪和情感关怀因素的凸显，让顾客的情感需求得到满足。真正的消费升级不是单纯的高消费，而是可以在多个维度满足用户的需求。

分享管理大师彼得·德鲁克的一句话："动荡时代最大的危险不是动荡本身，而是仍然用过去的逻辑做事。"

03 未来 5 年的企业变革方向

接下来的 5 年里，我认为企业会有 6 个方向的变革，正好覆盖了创业者应该应用的几大内容。

第一，企业端的数智化

供给侧的改革、数字化的变革，柔性供应链体系的建设势在必行。要重点解决如何在用户端刚刚开始有购买欲望的时候，让企业端供应链体系产生智能化的反应，以及如何帮助供给侧节约时间成本和物流成本，从而降低生产成本，降低供给侧的壁垒。

第二，用户端的内容化建设

品牌不懂用户没关系，在这个零工时代你可以找到懂的人合作，但如果你因为不擅长所以不注重内容化建设，那你一定会损失惨重，因为用户已经不再为单纯的好产品买单了。内容化其实有很多的触点，比如说颜值即正义、内容差异化等，这些都是打动用户的路径和方法。

第三，品牌端的情绪化

从品尝、品质到品位，品牌端的情绪化直接影响到用户需求的强弱程度。比如我们要强调产品价值的时候，基本上没有议价的可能，产品价值议价的空间是有限的，叫可计算成本，真正能够议价的产品一定来源于品牌本身。只要产品品质过硬，那么接下来竞争的就是品牌力了。

小米最早期的 Slogan 是“为发烧而生”，后来是“因为米粉，所以小米”，现在是“让每个人都能享受科技的乐趣”，这些都是将用户前置的，以用户为核心的。

比如 Keep——自律给我自由，是一种精神召唤，让品牌成为一种信仰。很多 App 在技术端没有太大的差别，区别就在于是否能在用户端将运营做到极致。

第四，营销端的全员化建设

营销不是老板的责任，而是全员的责任。员工卖产品需要有态度。比如在员工的渠道化的工作之余，让员工进行内容的二次创作。让员工的传播成为品牌的对外窗口，这是员工营销全员化的一个前提。

营销端全员化的重点不在于小程序的开发，而是如何“运营”好小程序背后的人。

第五，渠道端的社群化

渠道端的社群化是最高效的商业价值转化路径，核心是信任加推荐。社群渠道正好具备这两点。

第六，产品端的场景化

拿江小白来说，其表达瓶的内容是那一刻与你产生共鸣的话。“酒逢知己千杯少”的本质，不在于千杯，而在于知己。只为挚友而手酿，只为挚友而分享，最精心的酿造，给最好的朋友。产品端的场景化建设尤为重要。

品牌战略营销的本质要解决的是做多大、走多远的问题。要学会与用户交互，运营能力带来销售转化才是正确的营销方式，一切业务最终都是要完成增长的。

致敬大家在波涛汹涌的发展浪潮中可以躬身入局，这个时代感谢有你。

营销的底层逻辑

申　晨

熊猫传媒董事长

中国新媒体营销专家

当风暴来临的时候，大多数人在修墙，有人却在造风车，造风车的人是具有强大的认知能力的人。面对新事物、新情况、新危险和新机遇的时候，人们的取舍不尽相同，决定谁能胜出的关键，就是人的认知能力，也就是底层思维能力。

这种底层思维能力可以突破行业，突破级别，突破个人当下的思维方式。

01 人生两件事：更好地节约时间和更好地“浪费”时间

人生无非两件事，更好地节约时间和更好地“浪费”时间，更好地节约时间叫作提升效率，更好地“浪费”时间叫作提升仪式感。今天，80% 左右的生意都可以归结为提升效率和提升仪式感。

例如，餐饮行业。在麦当劳吃饭不需要仪式感，方便快捷，效率最高，所以麦当劳里也没有舒适的沙发，人们吃完就走。但是人们去吃寿司之神就会充满仪式感，20 多个寿司需要 3 个半小时才能吃完，厨师还会跟你聊鱼的种类和做法。

除了提升效率和提升仪式感，还可以二者结合，用提升效率的方法制造仪式感。

例如，深圳正浩创新公司生产的移动电源长年供应美国市场，现在随着野营、露营行业盛行，生意变得超级火。在传统的露营里，因为没有电，很多设想都无法实现，但因为有了正浩电源，人们可以在户外吃火锅、煮咖啡，甚至使用空调、冰箱、微波炉，一个几千元的东西就可以提升个人的幸福感。

02 你的产品有多牛不重要，你的产品让消费者有多牛才重要

当下做产品有 4 个维度：

- 第一个，社会维度。有面子，价格贵，比如奔驰商务车。
- 第二个，个性维度。为“发烧”而生，不比价格，不比品质，就比个性化。
- 第三个，情感维度。以情绪为售卖方向。
- 第四个，群体维度。产品只针对某一个群体。

以酒行业的产品为例，请重要客户时常见的是喝茅台，虽然价格高，但是有面子，这是社会维度。从个性维度讲，可以喝本

地名酒，比如在北京喝二锅头，在江苏喝洋河，在四川喝五粮液、泸州老窖。从情感维度讲，知识分子的聚会爱喝舍得，因为大家觉得“舍得”这个词汇很有智慧。从群体维度讲，年轻人可以喝江小白，开心也不丢人。

社会维度的产品基本上都是顶级奢侈品牌，个性维度和群体维度的产品更多的是新生力量。

03 从核心标签角度看产品

今天，父母看孩子是什么状态？孩子数学好、英语好、语文好、体育好，唱歌也很好。但是在班主任眼中，孩子可能就只体现出数学好这一个方面。班主任看孩子，看的是单一的核心标签，其实就跟客户看企业一样。当客户同时想到5个品牌，那此时企业推介自己的四大标签、十大优势，客户根本记不住，大概只能记住一个核心标签。如果我要给家人买车，从安全角度一定会买沃尔沃，这就是核心标签。

以前的产品是“人无我有，人有我优”。今天的产品是“人无我有，人有我快，人快我响，人响我反”。这是现在的一个大方向。

当你代表不了一个行业的时候，有一个好方法，就是在品牌名和品类名之间加一个词，把原有的标签变得更高级、更场景化。比如公牛给自己起的名字，叫公牛安全插座。巴奴说的是巴奴毛肚火锅。如果不能代表行业，那就给自己一个更细化的定位，做细分行业的老大，这要比做行业老四、老五要好得多，其背后的核心思维就是场景。

04 发现这个时代最大的机会

机会是什么？这一代消费者跟上一代消费者到底有什么不同的需求，找到并去满足它，这是行业内企业弯道超车的一个重要机会。

老年人的医美市场

中国的中老年人专属医美一直存在，2021 年，国内开办了专门为中老年人设计的医美医院。有一个数据，中国 60 岁以上的中老年男性医美需求增长了近 80 倍。今天，很多企业家都是 60 岁以上，他们的认知、资历、威望都在，企业也不能放手，所以往往需要通过医美树立形象。

孩子市场的机会

孩子喜欢什么样的 IP？第一名是冰雪奇缘，第二名是乐高，第三名是我的世界，第四名是奥特曼，小黄人都没有挤进前十。例如，游戏“我的世界”，也就是 MC，空间架构很有吸引力，孩子很爱玩这个游戏。如果你想做孩子的生意的话，就一定要了解 MC，和他们建立共同语言。今天，MC 已经变成小学生和初中生社交的必备游戏。

年轻人市场的机会

第一，游戏酒店。对年轻人来说，酒店不再是中转站，而是目的地。我们与腾讯在上海一起投资了一家名为 China Joy 的中国娱乐酒店，让用户去那里不仅能好好睡觉，更能好好玩。酒店里有大量的主机游戏，X-box、PS5、Switch 都有；你在《王者荣耀》中没有的英雄和皮肤，连接 WiFi 也都能拥有，网速还特别快；点开酒店小程序选择桌游或者剧本杀，就可以向全酒店的人发出邀请，可以说是线下版的社交平台，但它更真实也更安全，因为所有人入住酒店都是实名制登记的。

第二，拥有挂外卖钩子的五菱车。五菱车里面有两个钩子，是专门用来挂外卖的。现在中国餐饮行业有两个巨大的机会，第一个机会是出门吃早饭，第二个机会是回家吃晚饭，很多人都选择外出买饭或者点外卖，此时，为年轻人设计的两个钩子就可以很好地派上用场，以免装着汤汤水水的袋子无处安放，不幸将汤水洒出，弄脏车厢，造成不便。

第三，白酒。江小白是清香型白酒，但是很多年轻人对酱香、浓香、清香没有概念，他们认为酒只是一种工具，喝多了才能说一些平常不敢说的话，而且年轻人喜欢不同口味的白酒。江小白就针对年轻人的这种需求，出了一款叫果立方的白酒，度数低、小瓶装、口感好，销量也很好，其中青梅口味的白酒卖得特别好，后来将这个口味的酒单独拎出来做成了“梅见”品牌。现在“梅见”在很多区域里面已经逐渐地替代原始白酒，甚至替代一些威士忌酒，这就是思路上的转变。

第四，虚拟偶像。全世界第一个虚拟偶像是初音未来，中国版的初音未来是洛天依和《魔道祖师》中的魏无羡。中国的核心二次元用户已经突破 2 亿人，这是一个巨大的市场和机会。《原神》游戏和肯德基合作出了一款全家桶，售价只有 66 元，但是这个桶拿到二手交易平台上可以卖到 300 元，大家抢购的是桶上的《原神》IP 的形象。可见年轻一代是愿意为自己喜爱的内容买单的。

05 内容“内卷”+渠道变少

当今时代内容“内卷”得非常严重，如果一个品牌想定位为年轻人认知度比较高的品牌，主要在 3 个地方投流就够了——B 站、抖音、小红书。

首先在 B 站上投 500 篇，在抖音上投 5000 篇，在小红书上投 1 万篇，基本上年轻一代对这个品牌的认知就建立起来了。今天有很多的产品都是用户并非原本就需要而是看到后才想买的，有大量的人是在朋友圈、小红书上刷到以后才买的，如果不看到它就真想不起来要买。所以，对于一个品牌来说制作大量的内容是必要的，好内容是极其重要的。

那么，什么叫好内容？就是因场景和目标人群而定，能打动人心的内容。能让他哭了、笑了、怒了、恨了、伤心了，刻骨铭心的爱和恨都是好的，就怕看了以后他对你没印象、无感，那就没用了。

06 卖货的基础逻辑

卖货的基础逻辑包含 4 个重要方面：满足客户需求、拿捏客户情绪、利用客户弱点、制造客户焦虑或者称为制造客户恐慌。

例如，超额满足客户需求的典型企业：泰享受。泰享受在全国有 400 多家店。它在服务升级的阶段谋求单点突破，泰享受的服务员会给消费者洗好袜子，并及时烘干，让消费者离开时穿上干燥、温暖的袜子，这就变成企业独特的服务卖点。在望京小腰花 66 元买一个水杯，就可以每天中午免费喝可乐，只要这个杯子长时间放在办公桌面，它就会提醒消费者去享受免费的可乐，催动消费者前往望京小腰吃饭，这就是利用客户弱点。

这里面关键的一点是：营销人对客户需求的拿捏。如果把握不准，很容易成为“伪需求”，“你认为”是不行的，要“客户认为”才行。满足了客户哪方面的真实需求，是营销人在这个时代最需要关注的事情。**因为用户的需求一直在变，能不能抓住客户**

的需求是这个时代营销最重要的一点。

在红海中找蓝海就要将产品细化、分化、聚化。产品和营销的本质关系要“守正出奇”，就是要拿产品的品质去守正，然后拿品牌出奇，产品的品质是 1，其他的都是 0。

快乐老张天下无双，

用 20 年陪伴

1 万家企业

欧德张

布道教育创始人

前阿里巴巴大政委

我们经常说企业要创新，但其实每个人也应该不断创新自己的人生。这是我一直以来的人生信条之一，我也是这么去设计自己的人生的。

01 职业生涯的前 15 年

20～25 岁，我在民营公司纳爱斯负责渠道管理。之前我们的渠道商都是日化线，后来我发现，副食品行业渠道商的渠道能力比日化线的更强，无论是资金实力、分销能力还是下沉能力。我当时是在重庆，在 3 天时间里，我们更换了 13 个渠道商，把原有的日化线渠道商变成副食品的渠道商。这个大胆的举动在当时引发了轩然大波，因为几乎没有品牌商会这么做。

我刚接手纳爱斯渠道管理的时候，营业额是一年 600 万元，第二年变成 6000 万元，第三年增加到 1.2 亿元，在我离职的那一年变成 2.4 亿元。

25～30 岁，我是一个线下化妆品连锁店的老板，在整个浙江拥有 7 家连锁店，有商场专柜，也有线下门店，那时候我特别想把我的连锁店做成像屈臣氏这样的连锁品牌。

2003 年，我在做线下生意的同时，也做起了线上的生意。一开始是在易趣上做，后来淘宝横空出世，我就把阵地转移到了淘宝。我的淘宝店铺成长很快，当时在化妆品零售板块能够排到前 20 位，所以我被邀请去参加淘宝当时每年都会举办的全球性的网商大会。那次网商大会对我的触动非常大，我觉得这个世界正在发生变化，就觉得我需要去阿里巴巴深度学习一段时间，以期更深入地理解行业动态。（那时候在我的印象中，阿里巴巴就是淘宝。）

2006年，我把店铺交给别人打理，向阿里巴巴递交了人生中的第一份应聘简历。最后，我阴差阳错地去了阿里巴巴B2B的直销部门，也就是中供。我进阿里巴巴的时候已经30岁了，对于阿里巴巴这样的年轻化组织来说，我的年龄“拖了后腿”，所以一进公司我就被称为老张。

就这样，我在阿里巴巴待了5年，从一线销售做起，带过4个不同区域的团队，最后做到广东大区的大政委。从一个基层的销售到主管、经理、副总经理，最后到大政委，在当时我这是火箭般的晋升速度。这跟阿里用人不拘一格有很大关系，也跟我自身努力创造的成绩有很大关系，我参与了几乎所有关于重要业务决定和管理的会议，和业务的管理者一起反复确认目标的实现和达成的可能。

在我前15年的职业生涯中，有5年在做渠道管理，有5年在做零售管理，有5年在做直销管理。

02 创业进行时

2011年，我离开了阿里巴巴，创建了布道教育。业务聚焦于企业视野提升、组织赋能和人性化管理3个方面，专门做中小企业的商业类培训，到现在已经是第13个年头了，服务了很多企业客户。

在创业的过程中，我经历过并购、融资，经历过阶段性的胜利，也经历过项目的失败，有过犹豫，也想过放弃，但现在是无比的坚定，我深知创业者的艰辛，也知道自己在做的事情对于社会的价值和意义。

其实企业的成长和个人的生命成长很相似，在员工少的经营早期，CEO 一定要身先士卒，冲在一线去拿到业务成果，去获得市场和客户的认可；下一个阶段，就是去进行模式的复制和创新，让成功延续；再下一个阶段，要让 CEO 的能力在企业中得到复制，并且沉淀为组织中共同的财富；再等到下一个阶段，文化和制度就显得更为重要了。所以**创业就像修行，每个该渡的劫一个都逃不掉。**

创业最难的部分在于，因为外部市场不断在变化，所以 CEO 需要不断打破自己的认知，跳出那些过往成功带来的惯性思维。做到这一点是非常难的。

有的时候 CEO 是企业中最高级别的救火队长，他常常会被具体的事情和人困住，看到的是具体的事和具体的人，这个要他做决策，那个要他来调和，很难有时间和精力构建企业经营的整体性、结构化的思维。

但是当企业进入一定的阶段，尤其是进入“青春期”后，系统化地打造企业的能力和思维是非常重要的。所以，让创业者们每个月抽出 3 天的时间，从企业的日常事务中跳出来，以一个旁观者的角度，并借助其他创业者的视角，来看看自己企业的业务和组织，这是非常必要的。

学习商学知识时大家都会去看标杆组织的做法，这当然是一种很好的学习方式，但现在的商业环境变化得实在太快，成功的组织的做法背后有很多变量，比如时间、背景、商业环境、所处的阶段、掌握的资源等，如果我们不能抓住最本质的东西，厘清变化中不变的部分，也就是底层的逻辑没有搞清楚，那这样的学习往往是无效的，是无法落地的，沿着旧地图是找不到新大陆的。

所以，我们的商业课、战略课、组织设计课，都是遵循第一性原理，把底层逻辑讲清楚。

这点也是我们“梵行 CEO”在整体课程内容设置上的逻辑，一方面是希望 CEO 们能够跳出来看到企业的整体，建立系统性思维；另一方面是希望 CEO 们对于商业战略的制定和执行、组织的设计和迭代等，能够知道它们运行的底层逻辑。既能关注到每个重要的板块，也能知道它们之间的关系是怎样的，如何相互影响。

我们现在的使命，是以专业陪伴成就组织之美。我们觉得每个组织都应该是美的。第一处美在于它的独特，我们经常会把中小企业变成大企业的浓缩版本，但是我们小企业的美首先源于独特。

第二处美是源于完成商业的价值过程中的节奏。有些企业每个月都在“打仗”，一个目标完成了，又有新的目标，导致整个团队疲惫不堪，我称这样的现象为“穷兵黩武”。它没有张弛有度，没有休养生息的时候，只有一个节奏，这种组织是不美的。所以组织的节奏感也带来了组织的美，它的韵律就像呼吸一样，组织就像一个生命体，需要呼吸，这种韵律就是一种美。

第三处美是指组织内部是有情感和温度的。这种情感的流动，就是快乐、梦想和爱。我们的使命“以专业陪伴成就组织之美”，就是在原有的“传播爱、快乐、梦想”的基础上做了升级，而且对美做了定义，这是我们今天的价值理念。

我们希望能够帮助 CEO 们建立起对于企业经营的一个整体框架性的认知，其中包含战略、组织、文化这 3 个最重要的板块，还有 CEO 的个人心智模式也能得到拓展，帮助 CEO 去更好地看见组织中的个体和相互交织的力量。

梵行 CEO 到现在已经举办了四期，每一期我都是全程参与，最大的感受就是，这件事情我们做对了，这些课程内容就是这个阶段的企业非常需要的，这也给了我很多继续把这个课程产品打磨得更好的动力和信心。

创业者的孤独只有创业者才能够真正地体会。我是一名创业者，也是一位在梵行 CEO 中陪伴大家一起学习的助教，在这个场合中，我希望我们可以一起成长，共同进步。

随着年龄慢慢增长，我对于组织的理解、对人的理解、对管理的理解越来越精深。我很有幸选择了这么一个行业和职业，我会将这份事业做到老。在这个领域的一个前辈，被称为“企业文化理论之父”的埃德加·沙因，90 多岁还出来做直播，还能通过分享他的人生阅历和管理经历去帮助别人，这是多么有意思的一件事情。行业内这样的大师还有很多。

所以，我余生就专注做这件事情，帮助中小企业成长，以专业陪伴成就组织的美好。

我们计划在未来 20 年陪伴 1 万家企业变美，用更长的时间去影响更多的企业。我们希望有 1 万家企业受到我们的影响，成为独特的个体组织，这是我们要达成的目标。

梵行，让我们一起带着觉知行动。

一直在路上的创业人，坚持与力量同行

刘 蕾

《创业中国人》节目创始人、出品人、总制片人

从东北走出来，到在北京找到终身舞台，创立《创业中国人》并做了 462 期节目，我用了 2199 天。该节目服务了 600 多家企业，其中上市公司有 50 多家，大中小型企业 500 多家。**从平凡的北漂青年到千万缩影之一的创业人、新商业模式的探路者，我觉得长久地创造价值比价值本身更重要。**

01 立足北京，找到终身舞台

刚到北京的时候，我住在房租 120 元一个月的地下室里，一个房间住 8 个人，上下铺。把床位租好，行李一放，第二天我就开始坐公交车去找工作。

第一份工作在广东蓝色火焰，我刚开始是做销售，工资 2000

元钱一个月。那个时候找客户很难，要在报纸上挖客户，我经常看一份叫《销售与市场》的报纸，客户会在上面投放广告，我找到联系方式之后，就打电话，有时候还在超市里抄瓶子包装上的电话，所以那个时候做市场非常难。但是我从销售做到了客户部总监，然后再到媒介总监，最后做到蓝色火焰北京分公司总经理。

我当时的目标，就是从地下室搬到地面上，在蓝色火焰工作的第二年我就做到了。当时蓝色火焰接了中央电视台的《同一首歌》节目的总代理，这是我人生中第一次参与演唱会的制作。《同一首歌》走进桂林，我到了演唱会现场，负责艺人接待。正是因打下了这个基础，我后来操盘了中国鸟巢的第一场演唱会——成龙和他的朋友们。一个月时间，我们从零开始，谈场地、报批、宣传推广、卖票，我们仅用了32天的时间，就做到了10万人到场，这在当时是一个现象级的事件。

2014 年，我从蓝色火焰离职。当时我们的乙方内容制作公司正在筹备一个栏目叫《女神的新衣》，我参与到了这个节目的制作中。《女神的新衣》是中国在内容商业模式里走在前端的一档节目，打通了 TV to Online 的整个从电商到电视端的通道，受众在观看节目的时候，扫码就可以购买商品，实现了即看即买。这个模式跑通了之后，又跑完几个 IP，激发了我对于综艺怎么从内容到商业化、什么样的内容可以持续商业化的思考。

02 《创业中国人》的起源和发展

2018 年，我开始创业，想做一个内容商业化的平台。我发现很多创业者在找项目的时候，会遇到一个很大的盲区，就是没有办法辨别一个项目的好坏。于是我就思考品牌方怎样赋能中小企业，中小企业怎样赋能大众创业者，我想为他们搭建一座桥梁，让他们严选到优秀的项目，降低试错成本，提升创业成功的概率，这就是《创业中国人》的起源。

我们从3个人开始，顶着巨大的压力去做，因为这条路没有人摸索过，当时电视的开机率一直在下滑，电视节目也越来越难做。我当时找到了俞翔，我的联合创始人，他在导演这个行业里做了20多年；第二个合伙人是黄涛，他在腾讯待了5年，后来又去了奇虎360，对商业模式的理解和构建非常独到。我们就这样开始了，设计内容，谈平台，找投资，最后拿到了深圳的宝诚红土文化产业基金的投资。

我们要构建整个商业体系，最难的是早期和客户的连接和沟通，因为刚开始我们没有案例，没有数据，很难取得客户的信任。为了跑通这条道路，我报了上海交通大学的连锁总裁班，系统学习怎么开店，怎么做大一个品牌的影响力，从 1 家店、2 家店、3 家店，到 100 家店、1000 家店、10000 家店。

2018 年 11 月 30 日，《创业中国人》正式上线播出，第一期节目上线了 14 个品牌。节目录制了两天，从第一天早上 10 点钟到第二天凌晨 4 点，没有录完，然后休息了一下又接着录。我对此印象非常深刻，为了保证内容质量，当时已经录制到很晚了，但有几个客户、嘉宾、主持人和创业者的状态都不好，我们于是决定把他们放到下一个月进行录制。因为我们要对内容负责，要保证创始人的最佳状态，这样才能把创业故事讲好，把商业模式讲透。

在这个过程中，我听到了很多感人的故事，有在新疆种葡萄的 68 岁的老奶奶，还有坐着轮椅来的创业者……坐轮椅来的创业

者叫杨志，我跟他接触的时候，一直忍不住为他流下眼泪。他 12 岁就失去了双腿，没有上学，自学家电维修，还开了一个小店铺。他非常刻苦地学习，店铺的生意也越来越好，在这个过程当中他遇到了他的妻子，此后他只有一个目标，就是给相伴左右的妻子更美好的生活。每次想起他，他身残志坚的精神都很能打动我，给了我很多的力量。杨志这样的故事在《创业中国人》的舞台上有很多，在他们身上，我看到了相信的力量，也让我感受到了我选择做这个平台是正确的，是在为他们赋能。

这种持续的赋能让我一直坚持走下去，成人达己，基于内容连接，让生意变得更简单。其实创业这条路非常孤独，我坚持了 6 年，未来也会继续坚持下去。只有坚持才能看到未来，看到希望，要相信坚持的力量。

03 坚持比选择更重要

《创业中国人》播出至今，全网短视频播放量突破了 15 亿。有 1000 万铁杆创业粉丝与节目共同成长，在打造企业家个人 IP 和传播产品特色的同时，助力品牌招商成交金额突破 200 亿元、助力品牌方融资金额接近 7 亿元，拉动就业人数超 35 万人。

通过建立内容 + 传播矩阵 + 产业的生态体系，《创业中国人》打破了陈旧固化的电视制作播出模式，构建了以内容为核心的全新的商业模式，建立了大中小企业商业平台，用全新形态赋予创业平台更持久的生命力和社会价值。通过平台的力量为个人与企业赋能，发挥媒体的责任为大众创造价值，打通产业链，搭建起一个完整的生态闭环共同体。

所有未来的巨大可能都来自当下每个竭力前行的小创业者。让对的人做对的事，为不同的创业者提供最匹配的资源，提升招商转化效率，降低试错成本，这就是我想做的。

所有的创业者走的都是不同的路，却又都是相似的路——不屈、专注与奉献。在我创业的这些年中，我并不是把“逐利”放在最重要的位置，不论是助力品牌发展还是拉动就业，我始终秉持的创业初心，是希望帮助更多有需要的伙伴。

在我的职业生涯中，从广告到综艺节目制作、电影制作，再到现在深耕《创业中国人》商业的新质生产力的创业服务平台，每进入一个全新的领域对我来说都是一种挑战。在创业的过程中，我不断碰到困难，再解决困难，提升的不仅是心理上的满足感，这也是我叠加行业经验的最好的途径。**垂直、专注、打磨，把简单的事情做到极致，主动争取机会，正确面对自己做不到的事情，充分了解所从事的行业才能更好地创业。**

我是刘蕾，一直在路上的创业人！

于破败中孵化传奇

黄 欢

知名电视人

商业顾问和危机公关专家　　黄欢探索创始人

我叫黄欢，炎黄子孙的黄，活出喜欢的欢。

我一度风光无限，职场战无败绩，做杂志封面人物，做电视节目当红导师，别人给我的标签是“创业届的百变女王”“生活中的美学杂家”。

13 岁，在福建省的一个小城邵武，凭着自己给自己设计的未来角色，穿着自己制作的服装，备受瞩目；

20 岁，在福州，以专业第一名的成绩毕业并留校当了大学老师，获得设计师奖；

21 岁，在上海，从政府顾问助理到外企新闻发言人，2 年升 10 级，23 岁时担任企业中国区最高职位；

24 岁，在香港，创立了自己的品牌顾问公司；

28 岁，实现财务自由，担任众多明星企业和企业家的品牌顾问和公共传播顾问；

31岁起，全国各地开创了电视点评毒舌风，成为20多个卫视60多档节目争抢的收视王牌、明星导师，20年电视生涯，参演了很多当红节目，如东方卫视《东方直播室》，天津卫视《非你莫属》《爱情保卫战》，浙江卫视《我是创始人》，广东卫视《天生我才》，深圳卫视《夜问》，第一财经《头脑风暴》，等等；

35岁起，环球游学，走遍英国、法国、美国、日本等地，遍访全球名校，前后花费1500万元，从艺术、人文、创新、审美、新消费，到高科技人工智能、太空探秘，探索女性更多的可能性和更绽放的生活方式；

39岁，在北京，做人工智能，创建女性学习型社交App，立志要重新定义女性的态度和活法，出版畅销书《自我营销七堂课》；

43岁，在纽约，在纽约时报广场十几层楼高的大屏上，与董明珠并肩，为《我是创始人》节目代言；

50岁，在深圳，初试短视频直播，2个月全网粉丝破200万，在家创业仍月入千万。

是的，我50岁了，传统认知中人老珠黄的年纪，依然光鲜昂扬，一路向上。

谁又能想到，我的人生，其实最初的时候，破败不堪，充斥着暴力蛮力，无知无助。但那又怎样，我就是那个于破败中孵化的传奇。

01
童年时的家暴，成年后的污蔑

我生于小城，有一个父权高于一切的家庭，有一个给 3 岁的女儿读《资治通鉴》，却试图用皮鞭让女儿臣服的父亲。我的童年充满否定、卑微和无助。

读书时我被老师宣布为差生、不可救药，天天被叫家长，再被家长拉到大街上打，身体状态差到吐血。

创业初期，我轻狂自负，冒进虚荣，直到被客户摁在墙上恐吓，才幡然醒悟，面对侮辱也只能选择隐忍。之后为求上进，万里迁徙付出千般努力！

即便后来功成名就，我仍要背负各种污名，人们更愿意围观我的尴尬，而非正视我的才华。

做女人难，做漂亮女人更难，做漂亮还有名的女人更是难上加难！因为还有理想，在他人审判我之前，我已先自我审视。

我享尽这世间女人福，也吃尽这世间女人苦。曾离轻生一步之遥，却有幸得遇贵人，一念命转运改。

有些人生而有光，于绝望中迸发希望，于痛苦中涅槃重生，破茧而出，活出欢喜，曾经的伤痕都将炼化成阳光下翅膀上的花纹。

02 跨界女王，蜕变重生

因为淋过雨，所以我想帮别人撑伞。

复盘自己的人生，我 13 岁无师自通，开始担任自己的人生编剧，审美一流，情史丰富。25 年的创业经验，我横跨设计界、时尚界、电视界、创意界、创业圈、培训圈、互联网圈，分别在香港、上海、伦敦、北京、杭州、长沙、深圳创业。

什么事情第一次做，我总能做到第一名，每去新城市 3 个月必入核心圈，情场、职场、社交场，我都有自己的独门心法。我是可以帮助到大多数女性的。

这世上大多数人都糊里糊涂地生，也糊里糊涂地死。终其一生，既不得法，也不得志，还未绽放，就已凋零。

而我是幸运的极少数，心智坚韧、目标清晰、敢想敢做，擅长未来创想、路径规划、资源获取、人才网罗，思想先进，表达

一流，我不该停留在自我成就上，还应该以我之能去为更多女性发声。**从她传播、她教育、她经济，到她公益，我要成为这个时代的女性思想家、哲学家、教育家、美学家，去重新定义男女关系，去颠覆女性职场，去推进女性生产力进一步被释放和看见，在更具意义的生命体验里，从容老去。**

从写我的故事、创我的攻略、造我的武器、塑我的城池，到为她写剧本、为她编攻略、为她造装备、为她建避风港，一路走来，风雨兼程，使命必达。我们这一代女性，肩负历史，从碳基文明到硅基时代，我们有机会，继往开来，为未来女性开辟崭新的生命范式！

03

我要重新定义女性的态度和活法

我感恩发生在我身上的一切，正因为不易，所以，不想轻轻抹去，假装一路平顺、无辜清白。

作为一个跨时代经历者，我历经了：

20 世纪 80 年代福建改革的蛮荒；

20 世纪 90 年代上海外资的奇幻；

21 世纪初白手起家的红利；

21 世纪 10 年代传媒喧嚣的沸腾。

我想鼓励更多现在正在经历迷茫、身处困境的女性，像我一样，换个活法，活成自己想要的样子。像我一样变美、寻爱、赚钱，重新发现自己，协力升级世界。

我想将我所经历的一切，成就我的或损毁我的，统统变成内容，写进我的故事，编入我的攻略，锻造成我的装备，谱写成我的史诗，给其他女性以参考、借鉴、警示、智慧和力量。

是大国崛起的背景给了我真实做自己的勇气，是女性成长的速度给了我为她们而战的信心。

于是，我创立了“欢星球”，“欢”是自己喜欢，“星”是别人仰慕，“球”是抱团共赢。我希望为未来的女性探索中年后的出路，探索兼顾家庭的创业模式，探索浪漫养老的各种可能。我将打造自己的文化符号和产品体系、社群体系，为她们所用。

我要重新定义生为女人的态度和活法，引领3亿迷茫的女性绽放下半生；我要“女王崛起，骑士归位”；我要我们都活出喜欢，迎接挑战，以光鲜靓丽之姿临在当下。

我要举办“中女发展论坛”。我要创建一个由中国女性主导的、中产女性推动的、为全球中年女性谋求崭新发展道路的“欢星球超级女生联盟”。

我称它为“欢道”。**中年女性也配得，星辰大海，美梦和喜欢。**

我要拯救这一群明明依然美丽，依然充满活力，却不被看好，情场、职场皆被嫌弃，被过早边缘化的女性，让姐姐们二次绽放，释放中年女性魅力。

与喜欢的人做喜欢的事，在喜欢的地方赚更多的钱。

我来了，我是黄欢，为中年女性绽放而欢！

人生如旷野，
去旷野上寻找自己的路

依依

同频新商学联合创始人　金滢商业 IP 合伙人
深度陪跑 200 多位创始人通过打造 IP 完成影响力变现

我理解的高配得感，是要活得洒脱率性，遇事不慌不忙，处事原则清晰，做事全力以赴，不仰望别人，把自己活成一道风景。

活在当下，不内耗，可以光芒万丈，也可以在最低处积蓄力量。

有一次，美国前总统夫人米歇尔去花店买花，老板羡慕地说："你真幸运，嫁给了一位总统。"米歇尔听完微微一笑："如果我嫁给你，你也会是总统。"

这种**内心无比的自爱，是高能量的配得感，也是一种获取幸福的能力。**相信"我值得最好的""我会拥有"，只有我能定义我自己，是高配人生的开始。

01

低配的出生，高配的养成
父母给我的最贵的教育，成为我一生的底气

物质匮乏的 20 世纪 90 年代，我出生在一个简单平凡的家庭。我出生那一刻，爸爸妈妈就有了最大的爱和牵绊。

妈妈常说，我从小很不好养，每周都在打针吃药，半夜睡醒

都会哭，他们在我身上倾注了非常多的关注和爱。

都说一个女人旺三代，三代女人就奠定了一个家族的基础教育。我奶奶非常贤惠，品德好，她一生都在付出，很少让子女操心，她的心里永远装的都是别人。

我的妈妈是20世纪60年代末典型的勤劳苦干又好强的女人，她经常说，她最大的遗憾是没有好好读书，所以一定要让我读书。

爸爸妈妈受教育程度都不高，也不懂得什么样的教育是好的教育，但是他们给了我最贵的教育、最多的爱和最大的自主权。他们把一切都处理好，让我专注于我的求学之路。

我人生每一次的选择，不管是小学转校，选中学，还是大学选专业，他们都把选择权交给了我，支持我的决定，给我最大的信任。

我很小就能体会爸爸妈妈的辛苦，我想要给他们更好的生活，让他们不用那么辛苦。自记事起我就很努力地读书，因为我觉得，我只有走出这个小地方，去更大的世界，才会有更好的未来，才有能力做到我想做的。

读初中时，课间的5分钟，我都在拼命争取多做几道题、弄懂一个知识点，晚上常常学习到困得书砸到脸上。

高中时，大伯大妈给了我更好的教育资源，他们对待我跟自己的女儿一样，给了我家一样的温暖。

在我的成长阶段，爸爸妈妈、奶奶、大妈大伯和弟弟，都给了我无微不至的爱和照顾。

我非常庆幸出生在这样的家庭。因为我有最大的自由和选择权，得到了最大的支持和尊重，因为有过选择，所以我懂得正确的选择和舍弃，知道什么是我真正想要的。

这种性格成为我一生的底色，让我不胆怯、不害怕外面的世界，天地任我翱翔。

02 新媒体时代长起来，进入新媒体浪潮

大学时期我没有活跃在课堂上，而是活跃在各种活动上，举办社团活动、举办大赛，组织讲堂、演讲。

2015 年，公众号兴起，我沉浸其中，经常写文章写到半夜。安静的夜晚，我一个人坐在床前写文章，这是我思维最活跃、最自由的时候。

大四时，我开始准备考研，想要跨越一个台阶，能去更大的平台，这样才会有更高的眼界，更多的机会。

拼命复习备考半年，最后我以3分之差落榜。没有时间沮丧，收拾好心情，我马上投入校招，参加了一个深圳公司近百人的面试场，我成了最终录取的4个人之一，年薪10万元，我动心了。

毕业的浪潮就这样把我带到了深圳，我没有想过会来到这个城市。下高铁那一刻，我就被这个城市吸引了。深圳非常年轻、漂亮、干净、整洁，我特别兴奋，心潮澎湃。

03 深圳，我的梦开始的地方，也是梦碎的地方

深圳是我的梦开始的地方，也成了我梦碎的地方。

毕业半年，我发现专业对口的工作真的不适合我，而新媒体，才是我真正有热情的地方。

我辞掉了年薪10万元的工作，零经验转行做新媒体。新媒体是我热爱的，是我长期想要做的，我不在乎从年薪10万元到5000元一个月。在创业公司实习的经历，使我明白新媒体是一个放大器，也是一个杠杆，不管是公司营销、品牌影响力，还是个人价值，都能被无限放大，对于普通个体而言是一个巨大的、平等的机会，人人都可以进入，人人都可以靠本事吃饭。

我去过大公司、小公司、创业公司，在互联网、实体行业、制造业等领域做新媒体，经历了从公众号、微博到小红书、抖音的发展周期。

我成功为300家连锁品牌，做了100个矩阵账号。因此，2020年抖音流量越来越大时，我和朋友决定一起创业，做抖音账号。我们看到了机会，看到了流量和风口，却没看到我们的经验、能力和商业思维的不足，我们投入了所有资金做抖音，做出了拥有30万粉丝的账号，却没有变现。

只用了大半年，我们亏完了所有的钱。26岁那一年，我的世界陷入了黑暗。

04 至暗中开出花，成为自己的救世主

人在黑暗的时候才知道，这个世界只有自己才是自己的救世主。

痛到极致，就会从泥泞中开出花来。

我开始积极调整自我状态。我每天早上7点半起床，跑步、看书，屏蔽了所有社交，专注学习，因为学习可以让我从知识中汲取力量。

2021年，我在新商做新媒体，遇到了我的贵人、新商的联合创始人——金滢。后来我们从新商出来后，她独立做IP，喊我跟她一起做内容，我二话没说，放弃当时的工作去找她。

她一场场做直播，我一篇篇写文案，在一次次合作中，她的10万私域女性粉丝就在这一场场直播中被激活了。

之后，我们接了20个品牌私域案子，做出了非常好的成果，也启动了创始人IP陪跑业务。我们做出了上百个创始人IP账号，我也写了100多个创始人的故事，看到了百种不同的人生，这成为我生命的丰富的养分。我想要每一个创始人、每一个故事在我笔下绽放，淋漓尽致地呈现他们的精彩人生。

05

创业迁徙，开出生命绽放之花

为了找到最新的流量方法论，我们到了广州，把营收 3000 万元的护肤品 IP 做到抖音细分类目头部，和百万粉丝 IP 团队一起，钻研一场直播营收百万的打法和视频号两个月涨粉 10 万的方法论。

最终我们发现，最新的流量方法论，最擅长新媒体的人才，还是在杭州。一件事情能不能做成，天时、地利、人和都很重要，而杭州，就是我们要选择的地利。

一年时间，我们从深圳到广州再到杭州，一次次迁徙，找最能深耕 IP 的地方，找离流量最近的地方，找公司能够长期稳步发展的地方，找可以稳固生活的常驻地，最后选择了杭州。

在杭州，我们全面打开市场，帮 100 多位创始人打通从内容到流量到变现的端口，打通企业线上线下结合的通道，找到第二增长曲线，做 IP 深度内容。

每一个创始人，从开始创业走到现在，都会经历高峰和低谷、高光和至暗，**这些故事都有强大的生命力，值得被记录、被看见，值得被放大以赋能品牌，成为企业的增量入口。**

我就这样跟着新媒体时代成长起来，一路接受精神和灵魂的富养，直面所有的困难和挑战，修炼“让自己配得上一切美好”的底气和硬实力，像风一样热烈自由，像云一样恣意飘扬。

我的生命，在一路前行的过程中，滋长了智慧，重塑了自己，我热爱每一个生命状态下的我。

人生是一场游戏，每个人都是主角，不必仰望别人，自己就是风景。

人生如旷野，去旷野上寻找自己的路！

无惧归零

——做生命的设计师

千万姐

AI+ 银发赛道创投人　　熊猫女王品牌主理人

前天猫服饰总经理、前七匹狼 CEO、GXG 千万姐

从月收入500元到千万年薪，成为一个拥有创业者精神的职业经理人，我喜欢做“补位”二把手。我的乐观坚韧来自无惧，把每一天活得像最后一天一样精致而无所畏惧，像一年级新生一样充满好奇而无知无畏。**人从出生开始就向死而生，无畏便无惧。**我是千万姐，生命的设计师。

01 小时候受伤缝了11针，大难不死，看淡生死

我出生在昆明，童年充满了惊险和乐趣。我父亲是昆钢的工团长，母亲是一位裁缝，他们一生勤勤恳恳，对我们兄妹三人是放养式的教育，所以我们小时候很自由欢乐。我最小，调皮捣蛋，

被全家宠爱得无法无天。一次玩防空洞的铁板车时，伤到后脑勺，差点送了命，头上留下了一道 11 针的长疤痕，姐姐为了救我还挨了父母的打，我特别感恩她。

大难不死必有后福，从此我便走向了无畏的人生。生命的每一种体验，都让我庆幸，我还活着。

02

父亲带我看世界阅人无数，母亲影响我要成为美好的女子

我的父亲喜欢潮流，自己学看建筑设计施工图，学画建筑设计图，成了昆钢的工团长，他总是可以凭着聪明拿到彩色电视机、自行车第一批购买票，他会带我去溜冰、骑摩托车、去照相馆拍照。

父亲每年有一次探亲假，6 岁时我跟着他坐上昆明到杭州的绿皮火车回乡探亲，三天三夜的火车之旅，我跟车厢里的叔叔阿姨、爷爷奶奶们一起玩，他们会给我很多好吃的。就这样我接触到了无数陌生人，我从不害怕，感觉外面的世界是友好的、平等的。

母亲是裁缝，经常做衣服做到深夜，出身小镇的她却有着大上海女性的气质，打扮精致，每天打理花园。我们一家人所有的问题和困难，最后兜底的人都是母亲，就算再艰难她也从没有抱怨过、放弃过，母亲对生活的乐观精神和韧劲深深地影响着我。

03

人生第一个目标：25 岁前赚第一个 10 万元

高中毕业后，我决定走一条不同寻常的赚钱之路。我的第一份工作是出租车司机，当时改革开放促使城市里多了很多国际贸易、国际品牌的经营者，街头的出租车不断增多，我也加入其中。在宁波的街头，我开了 3 年出租车。每天清晨，我都整装待发，开着干净的车辆接送形形色色的乘客。开出租车让我学会了倾听、观察，捕捉最新消息，懂得服务他人，也锻炼了我的耐心。

后来我进入奔驰 4S 店做销售顾问，每天把车擦得一尘不染，对产品功能了如指掌。我服务的客户都是改革开放以来第一批致富的成功人士，两年的时间我成为奔驰汽车的销售冠军，成功实现了自己第一个人生目标，存够 10 万元，我也深刻体会到了品牌的力量，具有了成功人士的强者思维。

04

人生第二个目标：干一件改变 100 个人命运的事

2009 年，我看到做外贸尾货服装生意的个体户在淘宝开 C 店，一年能做到 1000 万元的销售额，那年我 32 岁，毫不犹豫地进入电子商务行业，跟着师父从助理做起，月薪只有 2500 元。我每天工作 16 个小时以上，听师父开会，跟着马云的演讲学习，整整写了 4 本笔记本，把每一个细节都做到极致。

这次选择，极大地成就了我。

2010 年 7 月，我加入男装品牌 GXG，负责电商运营，带领团队用 21 天时间在淘宝商城开设了 GXG 的网店。这一年“双十一”，我们仅开店 3 个月，就在阿里小二和同行竞争对手的帮助下斩获了 1005 万元的销售额，从此我被称为“千万姐”，在圈内一炮而红。

那天晚上，我们整个团队紧紧围在一起，屏息凝视着屏幕上的销售数字不断攀升。当最后的数据定格在 1005 万元时，所有人都激动得流下了眼泪，那是喜悦和骄傲的泪水。那一刻，我感受到了一种从未有过的成就感。

2011 年的“双十一”，我们单日销售额破 4156 万元，获得了淘宝全网第一的业绩；

2012 年的“双十一”，我们和马云建立开场前的视频连线，单日销售额 8000 多万元，获得男装第一的业绩；

……

就这样一路创造新的高光时刻，我成为阿里逍遥子智囊团的成员，贡献了很多建设天猫平台的金点子，获得了加入阿里巴巴的邀请。

这一路我觉得成功很简单，就是做正确的选择，用心将细节做到极致。

05 成功来得太容易，德不配位让我陷入低谷

2014 年，我离开 GXG，出任天猫服饰总经理。在这里，我不再只为一个品牌而战，而是致力于成就更多商家。那一年的“双十一”，天猫平台的总成交额达到 571 亿元，我站在巨大的数据屏幕前，看着成交额不断跳动，我感到了一种无与伦比的成就感和责任感。

电商已经不仅仅是一个销售渠道，而是一个全新的商业生态系统。我的使命变得更加清晰——我要维护这个生态系统的平衡，

让更多的人在这个平台上实现他们的梦想。

天猫如日中天地发展，从全球各地各行各业引入了优秀的人才，同时也迎来了更多的竞争对手。因为市场环境的变化、竞争的压力、组织的庞大、沟通协同的错综复杂，我在天猫的工作进展并不顺利，甚至因为以前的成功而膨胀得认为互联网的同事不懂商业、狂妄自大、无法协同，最终我义无反顾地裸辞了。

后来我去香港中文大学就读 EMBA，受校训“博文约礼”和优秀的教授、校友们的影响，我开始反思，在阿里巴巴失败的经历并不是外界环境的问题，而是因为自己的内心膨胀不自知，看不到自己的问题，德不配位。

06 人生每一个选择都有路可循

从阿里巴巴裸辞后，我完成了学业，还参加了 3 次戈壁挑战赛。

2019 年，我迎来了职业生涯的另一个高峰——出任七匹狼品牌 CEO。当时，作为一家已经有约 30 年历史的品牌，七匹狼面临着品牌转型升级和市场份额丢失的双重挑战，我着力推动品牌的年轻化、IP 化、数智化和渠道全域化。我们通过一系列创新营销活动和高效的供应链管理，成功提升了品牌在年轻人市场的份额和影响力。

期间，我打通公司上下近万名员工在自己的私域销售，开启了线上小程序，解决了库存问题。并且推动建立直播项目组，由董事长和我带头线上自播，做到了单场业绩过 200 万元。

我深刻体会到一个传统品牌要在激烈的市场竞争中转型升级，必须不断创新、与时俱进，当意外来临时更要临危不惧，快速做出反应。我们引入了最新的时尚元素，结合传统文化，让七匹狼焕发出了新的生命力。同时，我积极推动公司内部的数字化转型，通过大数据分析和智能化管理，提升了运营效率和用户体验。这段经历不仅让我在职业上获得了新的突破，也让我更加坚定了不断学习和创新的信念。

市场会有意外，人生也会有意外，归零重启成了常态。因为自己一直在事业的道路上奋斗，忽视了婚姻的维系和自身健康。失去了婚姻，又得了肿瘤的我，不得不再次归零，而每一次的归零正好恰逢儿子的小升初、中考、高考。我不是一个完美的女子，但我成了一个有力量、有爱的好母亲。

07
年近半百，遇见 AI 人工智能和国际人口老龄化的风口

在我修心养病期间，全球经济放缓，出生人口下降，OpenAI 的公开发布，掀起了人工智能的浪潮。我幸运地得到了卓尚集团丁董的支持，投身 AI+ 银发赛道的创投领域，探索如何将人工智能技术应用于服装行业和银发经济领域的降本提效和流程重塑。在这个全新的领域，我凭借自己多年积累的市场敏锐度、资源整合能力、超强的执行力以及创新能力，投资了一个服装设计的 AI 应用，在集团内发起了 AI 数智化升级的项目。我相信，未来的商业机会在于科技与消费需求的结合。

随着全球人口老龄化的剧增，银发经济成为一个充满潜力的市场，且更需要与 AI 人工智能相结合，开发适用于老年人的智能产品，从智能家居到健康管理系统，为老年人提供更加便捷、安全和舒适的生活方式。这不仅是一项商业模式，更是一项有社会意义的工作，能够改善老年人的生活质量，推动社会的进步，并且让更多人能够有活力地步入老年生活，享受科技带来的幸福晚年。

无惧归零，每一次归零都是一次新的开始，无论是开出租车、卖车，还是做电商或创投，我都在不断学习和挑战自我。在一次次的转折、归零、重启中，我活成了自己想要的样子。

我坚信，一切都可以从零开始，一切选择和努力都可以获得回报。挑战可能不成功，但不会一直以失败告终。**只有不断学习和挑战，才能成为生命的设计师，创造属于自己的高光时刻。**

我曾是乘风而上的小鸟，现在已学会迎风而战、御风而行。无惧归零，每一次归零都是一次新的航行，每一次归零都是一次新的飞翔。

我是千万姐，希望我的故事能够打动你，激励你在自己的道路上勇敢前行，成为自己生命的设计师。

开口出圈又出单，

是未来十年的必备技能

五 顿

元力觉醒 CEO

前 CCTV 演讲撰稿人　《演讲的逻辑》作者

擅长表达者已经享受了这个世界的红利，在直播红利之下你却开口局促？

明明你就拥有开口百万的能力，满肚子知识却像茶壶煮饺子——倒不出来？

爆火的短视频往往都是幽默的，依靠起承转折的内容吸引了大众的注意力，而你却还在僵硬地念稿？

看完我的这篇文章，希望你能拿走关键发言的锦囊。

01

“我的职业，怎么说呢？就好像是一个特殊的‘医生’，我每一次的修复工作，都堪比一台精细的手术。稍有不慎，我就会成为千古罪人，因为我修复的是流传了千百年的中国古画……”2020年，在CCTV演讲类节目《世界听我说》的舞台上，68岁的大英博物馆高级古书画修复师邱锦仙老师这样讲述她30多年来修复古画的经历。

在如此小众且专业的领域，为了让观众听起来觉得浅显易懂且生动有趣，邱老师用大家熟悉的身份——“医生”，来说明自己的职业，让观众一听就懂。在随后的演讲中，她以修复东晋杰出画家顾恺之的《女史箴图》唐摹本为例，细致描述了自己如何“给一个重病的人做一台伤筋动骨的大手术”的过程。

在同一个舞台上，还有一位演讲者，是曾获英国女王亲手授予大英帝国官佐勋章的英籍华人、英国外交部首席中文翻译官林博士，他是如何在舞台上与观众建立信任和连接的呢？

为了让大家明白两国文化的思维差异和语言背后的思想动机、情绪感受，对于重要场合下精准翻译的重要性，林博士讲述了一个接地气的小故事。

在英国攻读博士时，他被当地的英国朋友请去吃晚饭。晚餐之后，这位英国朋友问他晚餐如何时，他按照中国的习惯说了一句“很好”，却发现主人面露不悦，这使他很尴尬。

他说，在英文的语境中，你表现得很夸张才是正常，就像“我的天呐！这是天堂里的美食，这打开了我的味蕾，这是我吃过的超级好吃的美食之一，这比妈妈做饭的味道还要香……”

大家听得捧腹大笑，也迅速理解了一名高级翻译不仅要准确翻译出字面意思，还要一分不多一分不少地翻译出对方的言外之意。

这两位演讲者，都是我曾经辅导过的名人。他们用深入人心的故事来打动观众。看似只有短短十几分钟的演讲，却为两位演讲者带来更多的机会。

邱锦仙老师演讲后，受到全球博物馆负责人的关注，被邀请对古画珍宝进行修复。还有不同国家的人想跟随她学习这项绝技。林博士的演讲，也为他打开了市场大门。欧洲各国，如德国、法国等，都邀请他做重要的翻译工作；同时，还吸引了更多的渠道和多元化的合作。

一段好的发言，让小众的产品也能在市场中创造显著曝光度。重要的是，一段好的发言能够让人们听懂你，理解你的价值。

一个好的故事，是个人品牌最有力的语言，能够吸引精准的受众，带来事业的新机会。

所以，一次好的关键发言，不仅可以让个体成为行业焦点，还可以带来业务上的突破，最终实现个人与品牌价值的双重“出圈”。

02

在这个时代，个体如何脱颖而出？我认为有 4 个关键：

第一，今天的个体创业者，不必成为全民皆知的大网红，更不必成为家喻户晓的明星，但是需要精准圈层和精准人群。所以在**任何场合的关键发言，要透过你的人生经历，对行业和事物的认知、审美去吸引同频共振的伙伴。**

同频共振的伙伴是长期的陪伴，是持续的复购。他们被你的理念和使命所吸引，他们不只是你的客户，未来还有可能成为你的代理商、合作伙伴，一起推进这份共同的事业。

第二，在今天的存量时代，产能过剩，决定胜负的已非基础功能，基础功能都可以被平替。那真正不能被替代的是什么呢？是用户的喜欢和信任。用户选择的是产品背后的文化、价值观。创始人、个体创业者需要将这些无形资产转化为有形表达，传播出去。

今天全民都在说的**做 IP，就是将你的知识产权、文化、价值观和行业认知显化，与用户建立深度共鸣。**这不仅关乎基础服务，更在于情绪价值和文化价值的传递，而这一切，始于你的关键发言。

第三，今天的表达场景日益丰富，从线下沙龙、季度年度销讲到线上直播，从短视频到朋友圈，从公域到私域，每一种场合都是展示自我的舞台。不只如此，很多时候自己的客户是有限的，我们还需要在别人的场域去表达，双方形成一个联盟，互相站台，互相托举。

第四，现在我们越来越感受到这个时代偏向于两类公司，一类如华为、吉利这样的“大引擎”，为社会做出了巨大贡献；而另一类如绝大多数公司，逐渐会变成小而美乃至一人企业，灵活创新。如今，沟通变得直接，个体需直接对话客户，关键发言成为必修课。在产品易被替代的当下，谁能更好地表达，谁就能赢得市场。

总之，你时时刻刻都需要扩展你的影响力，让精准用户走进你的世界。

03

说到这里，怎么去练好关键时刻的发言呢？我想和大家分享我的 3 段经历，或许会让你有所启发。

“横漂”之旅

2011 年，我在横店影视城里做跑龙套的演员，常常一出场就被剧情安排“领盒饭”。所以，我非常希望能够成为一个有台词的演员。

于是，我开始了无数次的毛遂自荐，拿着简历去找各个副导演面试。在众多候选人中，我需要在 1 ～ 3 分钟的时间内把自己推销出去。

最初，我试图证明自己的优秀和勤奋，却发现这样的方法并不奏效，导演总不选我。后来，我开始研究剧组和导演，了解副导演的需求和当下的难处，用心倾听和观察。副导演每一个微小的动作或眼神，都成了信号。然后，我根据收集来的信息调整自我介绍。每一次面试后，我会不断复盘，以求让自己更接近想扮演的角色。终于，我获得了一个有大段台词的角色。在这个过程中，我发现讲话的顺序、重点和心态都会影响我能否成功把自己推销出去。

在拍戏的过程中，我开始意识到，一句台词，通过不同的停顿、不同的语气、不同的眼神、不同的重复，可以传达出不同的情感和意义，让一段台词拥有了不同的生命力，让观众有了不同的感受。比起发言内容，我逐渐感受到讲话的节奏牵引着听众决定是否听下去的意愿度。

公众演讲

拍戏让本来内向、不爱讲话的我，内心发生了改变，我开始学习公众演讲。就像古代的弓箭手备齐装备，我想满载着各式演讲技巧。

我曾在《我是演说家》等比赛当中过关斩将拿到了冠军，成为7个省的省图书馆讲书代言人和讲书比赛总教练。我曾用5分钟的讲书视频，吸引了70多万在线听众。

我同时也是多家公司的销讲总监。无论是青少年教育产品还是美业品牌，大量的客户都会因为喜欢我的销讲而直接买单，为平台和公司创造了不凡的业绩。

有了这些经历后，我发现在“内卷”的市场，销讲是脱颖而出的利器，但它必须脱俗。

大部分的销讲仍然靠吹捧自己很厉害，展示自己服务的客群也很厉害，让听众跟随。他们制造焦虑与损失感，迫使听众就范。

如今，大众情绪已然转变。你有多厉害跟我没有关系，我在乎我的自我实现与目标。如今的听众不慕强，他们希望被看见和支持。你如果能在他们想完成的目标上提供关键性支持，这才是他们想要的。

你跟听众建立深度连接，引发共鸣，让他觉得他的需求只有你能帮他满足的时候，成交是自然而然的。**销讲里面成交是最不重要的，重要的是怎么能让用户自下而上涌现一种想要付费购买的动力。**

自己学到了就要教人

后来，我去拜访中央电视台的知名主持人和导演，跟随他们继续学习演讲。老师以战代练，让我亲历名人演讲的辅导现场，例如哈佛院长、诺贝尔奖得主、百花奖的影后……

跟随老师们的脚步，我渐渐领悟了很多演讲的真谛。比如平等对话，关注听众口头想要的和内心需要的，比如说要带着目标上台，讲故事要向相声演员学习“拴马桩”，用合作型语言激发对方的善意，等等。

在这个过程中，我得以独立承担起辅导名人关键发言的重任，助他们绽放光彩。

在这段经历里，我感受到每个人内心其实不喜欢去讲自己不认同的话。

今天，大家不想当工具人了，想身心合一地去表达自己要想讲的内容，同时达到自己的目标。演讲人希望根据场合与听众定制，摆脱套路束缚，使内容既符合自己的表达愿望，又能达到既定目标，同时让听众享受其中。

再后来，我也开启了创业之旅，成为一名名人演讲顾问，出版了畅销书《演讲的逻辑》，将多年所学倾注于帮助他人在关键时刻发出最强音。

04

总有许多朋友向我咨询，商业中的关键发言应该是怎样的？

有很多朋友都想要做个人 IP。他们录视频前会写好文案，然后背熟，但是面对镜头还是讲得不顺畅，自己也很难受。

有一位朋友经常在需要自我介绍的场合感觉尴尬，他每次抛出自己最闪亮的 3 个头衔和辉煌的经历后发现，迎接他的是防备，是带有敌意和排斥的眼光。这与他期待的惊艳出场截然相反。

还有朋友不知道如何做一个儒雅的销讲，每次跟客户讲产品，尤其面对高净值客户，都会卡住，不讲又不行，讲了又怕大家觉得他在“割韭菜”。

究其原因，一是缺乏节奏感，没有和听众建立信任的眼神交流，没有给听众思考缓冲的停顿；二是未能与镜头建立连接，面对镜头的紧张感，让一切话术准备都付诸东流。

而我想带领大家，成为自己希望的样子：

- 面对镜头很自如，跟镜头、内容、场域和自己的潜意识都能连接；
- 拥有能驾驭任何场域的自我介绍，批量收获主动连接的好人脉；
- 在客场即兴发言，既能照顾到主办方，又能照顾到听众的需要，自然而然获得影响力和流量；
- 知道如何做高品质的销讲，在峰会、沙龙、会销、路演场域不强推，也能让场域同频共振，让用户自发购买和传播；
- 拒绝再讲个人故事，突出故事差异化，让铁粉心动。

以上就是我为我的学员持续赋能的关键支持，希望可以帮助到更多人。

我坚信，每一次发言都是一个机会，会让个体的专业与价值被看见、被理解。

心有猛虎，细嗅蔷薇，女企业家的商业哲学与人生智慧

刘小钧

知己时代创始人　　多产业独立投资人

杨澜天下女人研习社东莞社长

01
童年的富足与独立

我出生在一个充满机遇与挑战的时代。我从小在增城的农村长大，家境虽不显赫，但在当地也算富裕。父母经商，给了我一个相对优渥的成长环境。我从小就被教育要独立、要大气，这些品质在我后来的人生中发挥了重要作用。

我的父亲是一位白手起家的商人，从包工头到化工厂老板，再到纸箱厂的创始人，他的故事和精神一直激励着我前进。从小时候起，我就经常见到他的合作伙伴、生意上来往的人，慢慢地我变得自信大方、不怯场，也有了对市场和经商的敏锐度。我立志要成为一个独立、坚强的女性，用我的双手创造属于自己的天空。

和谐、充满爱的家庭，是我一生的底气。父母忙于生意，作为家中的长女，我从小就承担起照顾弟弟妹妹的责任，7 岁就会做饭、煲汤，帮家里人洗衣服，养成了独立的性格。

02

大学期间家中破产，逆境中的坚韧与成长

大学是我人生的一个新起点，也是我第一次面对重大挑战的时期。我考进了武汉大学，在大一下学期，我遇到了人生中第一个巨大的坎坷——妈妈给我打电话说家里的企业破产，供不起我上大学了。我感觉一个晴天霹雳砸在头上，我知道妈妈此时打电话给我，已经是走投无路了。

但是我想，我不能放弃学业，我第一时间想到去打工赚生活费和学费。于是我开始在超市做促销员，后来卖化妆品，去一间一间宿舍推销，研究怎么找客户人群，怎样赚到差价；晚上还去酒吧做服务员，洗盘子，刷厕所。就这样，我赚到了学费，得以继续我的学业。

家庭企业的破产让我迅速成长，我也在勤工俭学、各种兼职工作中学到了宝贵的生存技能和人生道理。同学们在旅游、谈恋爱的时候，我都在打工，我知道上学的机会有多么来之不易。大三时，我开了一家珍珠奶茶店，从原材料的采购到成本的控制，再到营销策略，全部由我一个人负责。奶茶店经营得不错，也得到了很多人的帮助，这更坚定了我未来要走商业道路的决心。

大学毕业后，我选择做了销售，也是为了更好地帮家里还债。我的第一份工作是电话销售车险，我特别努力地想干好这份工作，

我努力学习电话销售的语言技巧，别人下班后我还在加班，回家的路上、公交车上我都在跟客户沟通。就这样，我的努力没有白费，连续半年我都是销冠，晋升为团队主管。然后，因为我过往的销售业绩，我被公司从广州调到东莞，任东莞区域的总经理。

我去东莞的时候，公司还在装修，一切都要从零开始。我从招人、选人、培训新员工到培养主管，花了一年时间打磨团队，终于在东莞市场站稳了脚跟，把业绩做到整个行业的前三名，培养出了一支拥有 50 个中层干部、总数近 200 人的销售团队。

03

初遇创业的机会与挑战，打破重生，实现年营收 4 亿

在东莞这段独立管理一家公司的经历，也奠定了我创业的基础。2008 年，我先生鼓励我创业，我们共同创办了一家公司。我们在原来的车险销售基础上增加了一条业务线，做人寿保险。我们虽然花了很多金钱跟精力打造销售团队，却发现这两项业务有

本质的区别，让我们一时难以应对。

转型的困难、合作伙伴的变故，都让公司面临巨大的挑战。我和先生一起面对，我们卖了广州和深圳的房产来维持公司的运营，最终挺过了这个难关。

2012 年，我和先生一起去了杭州，去了阿里和乌镇，这一次杭州之行让我们的事业有了一次新的突破和增长。先生鼓励我放下原有的团队，走向市场，因为我的强项在市场上。

我们用了一个晚上探讨怎么转型，计划把原有的团队变成事业合伙人，大家一起做平台、做市场、做渠道，我支持每个人创业，而且给他们利益最大的市场扶持。

只用了 2 年时间，我们的业务从 2000 多万元做到过亿元。2015 年，我开了第一家分公司，开始搭建自己的 App 系统，到 2019 年已经有了 30 家分公司，占领了整个广东市场。团队中很多人实现了买房、买车，年收入过百万的目标。2019 年，公司业绩攀上最高峰，营收 4.3 亿元，是市场上转型非常成功的一个案例。

04 创立知己时代，创造商业可能性

2022 年，很多企业家都面临企业发展的困境，甚至是公司倒闭，我想帮助企业家一起突破这样的困境。

在 40 岁之前，我因为做了很多不同领域的事业投资，赚到了财富。在这个过程中，我遇到过很多贵人，他们帮助我的个人和事业获得成长，实现财富的持续积累。所以，我希望在未来的 20 年里，自己能够帮到更多人，做更有价值的事情。我和 3 个创始股东一起创立知己时代，我们有着 10 年以上的友谊，是走进对方生命里的人，**我们希望彼此支持、彼此托举。当一个人有了财富，不叫有价值，能够带领更多的人拥有财富，才叫有价值。**

知己时代以企业家社群为载体，以沙龙的方式作为连接桥梁，以项目对接作为变现路径。用了一个月时间就有 30 位创董加入，这就是信任的力量。

从创立开始，知己时代经历了 3 个改革期，从 1.0 模型到 2.0 模型，再到 3.0 模型，每一次模型的升级迭代我们都在突破。从最开始的 4 个股东到 30 个创董，再到现在的 500 多个 VIP 会员，很多企业家在这里连接人脉，连接业务。

3 年时间，我舍弃了很多自己原有的事业，舍弃了很多时间和其他的选择，来成就这件事情。这 3 年，我的成长胜过之前 10 年。**我们通过新媒体的传播和流量思维，影响身边的企业家通过 IP、创新思维去改变当下、突破困局。**这也是当下很多企业家的思维，躬身入局，亲力亲为，在进化的过程中修正自己，提升自己，一起去创造更多的可能性。

05 文化与商业的融合

一位成功的女性背后，往往有一个和谐的家庭做支持。我与先生的关系超越了普通的夫妻，我们是合作伙伴，更是彼此的灵魂伴侣。在事业上，他一直在背后支持我的成长与发展，做战略布局；在教育上，我们坚持陪伴和独立的培养，让孩子在爱与自由中成长，同时也从传统文化中吸取智慧。

作为一位女性企业家，我深知家庭和事业的平衡至关重要，我还有自己的社会责任。我努力在忙碌的工作和家庭生活中找到平衡点，给孩子一个充满爱的成长环境；我也在各种社会组织中担任要职，积极参与社会活动，为社会发展贡献自己的力量。

因为孩子，我们投资了很多不同的领域。我女儿乐于学习国学传统文化，我希望未来给予孩子更好的教育，所以从小学到初中到高中的教育都有投资。我花很多时间陪伴孩子，从大女儿两岁半、小女儿几个月开始，就带她们全球旅行，从国内到泰国、马来西亚、新加坡、帕劳、马尔代夫，我们都走过，我想培养她们拥有更加自由和辽阔的人生观、世界观。

06 平衡成功的生命状态，人生不设限

我的人生并非一帆风顺，也经历过家庭和事业上的起伏，我觉得最重要的是以积极的态度去面对，用智慧和勇气创造人生。

第一，女性的力量感来源于内在。女性在任何时候都要不断学习和成长，你要有赚钱的能力，不是为了成为一个女强人，而是为了成为一个内心强大的女人。我们向外去赚钱的时候，会接触外面的世界，我们的内心会越来越有力量。

第二，不依赖任何一个人，坚持自强、自立。这是一个女性顶级魅力的来源，没有依靠和托付心态，这样我们才能和别人并肩前行。

第三，永远把爱自己放在第一位。我们只有先爱自己，成为更好的自己，才能更好地做一个有责任心的人，成为一个负责任的母亲和妻子。

一个女人可以影响一个家族的三代人，处理好各种关系，驾

驭各种角色，是女人一生的必修课。母亲的角色、女儿的角色、妻子的角色、儿媳的角色、企业老板的角色、在社会组织中的角色……当我们都能从容面对的时候，无论生活给予我们什么，我们都可以用智慧和勇气创造精彩的人生。

我的人生就像一场英雄之旅，从懵懂无知到自立自强，再到取得事业上的成就，我一直在不断地学习和成长。**我相信，只有不断地挑战自我，才能实现人生的圆满。**

在 60 岁退休之前，我希望能够继续在商业领域创造更多的价值，同时也希望能够过上更加自由而松弛的生活。**我相信，只要我们坚持做难而正确的事情，生命之花就能在风雨中绽放，在阳光下生长。**

我是高洁，专注美业 11 年，从初入行的手艺人到门店老板，后来成为行业内成熟的讲师，线上线下累计学员 2 万多人，帮助 2000 多家门店盈利过亿元。

我是一个超级门店导师和陪跑者，帮助门店完整建立从面诊成交到品项搭建，再到爆单活动的年营收 500 万元的体系，经历了从手艺人到创业者的 4 个完整周期。5 年完成了 100 场美业培训，覆盖全国 30 多个城市，线下学员超 8000 人、3 年给 33 家门店提供一对一陪跑，帮助其完成了从普通门店、亏损门店到超级门店、王者单店的飞跃。

01 美业门店举步维艰，变革才有长稳发展

我发现，很多不会销售的老板，虽然技术精湛，但是不会表达。有的甚至有专业医师的知识储备，也无法获得客户青睐。他们坚持了原则，拒绝虚假宣传，也不跟客户打感情牌，但是自己的店铺发展举步维艰。我有一位学员，曾经的店面有 200 平方米，员工全部是有专业执照的医师，但是客户纷纷流失，竞争不过旁边的网红店，不仅最后草草关店收场，还收到了很多诉讼，令人唏嘘。

很多不懂产品品项搭建的老板，每年都被热门品牌和仪器牵着鼻子走。今年在朋友圈看到某大牌仪器，明年又看到某大品牌加盟，都去花钱引进来，却收效甚微。年营收刚过 100 万元，就花了二三十万元买进新仪器，最后躺在店里吃灰。左手钱进右手钱出，努力追热点，却从来没抓住过商机。年复一年，这些老板逐渐迷失了方向。

还有不会策划活动的老板，看上去举办了一场让门店热闹非凡的活动，实则背后都是亏损的心酸。每次活动不仅累得团队人仰马翻，还不断蚕食本来就不多的利润。明明忍痛让利了很多，用户还是不买单。到头来一算，业绩没有增长，客户也没有增加，白忙一场，团队还怨声载道……

最可惜的是那些不懂控制利润的老板，看上去做大了店铺，开了连锁店。到了年底才发现，流水大，利润少。管理成本和运营成本激增，自己的生活节奏也被打乱，周转于多家店铺之间，为员工、销售、成本忙得焦头烂额，后悔还不如去打工。

美业的老板，若只懂专业而不懂营销运营，就如同经验丰富的船长掌舵却没有航海图，航行技术再超群，也无法到达想去的彼岸。

我常常目睹那些满载情怀与温度的美业老板在市场上挣扎，我自己也曾经经历了这一切。**情怀不应成为商场上的负累，专业也不应该是成交路上的障碍，两者都应该成为通往成功路上的底气。**情怀与专业如果能结合商业智慧，一定会绽放光彩。我的初心一直是帮助真正有情怀、有温度的美业老板们在这个时代中有所收获。

02

深耕美业的 11 年，亲身经历过几乎所有的行业挑战

2013 年，我还是一名手艺人，在门店里负责半永久项目。因为专业技术好，很快就客源不断，我坚持外出学习，去日本、中国台湾、中国香港、韩国考察，发现这些地方的市场现状是中国美业未来的发展趋势，随着社会的发展和消费者的成熟，皮肤管理需求会增长。

2 年后，半永久的趋势明显衰弱了，我开始经营皮肤管理门店，我以为只要我的专业技术够强，我的生意就一定能好，没想到，刚开店不久就面临倒闭危机。

我精心筹备了 2 年多的店，精选门店位置，花心思装修，招了员工，准备了最好的设备，一切都准备就绪，我踌躇满志，现实却是连续好几十天不开单。无论我的技术有多好，东西就是卖不出去，成交不了。我一下慌神了，这么多投入怎么办？我这么好的技术竟然没有生意可做？

没有业务，就没法留住美容师，看着优秀的美容师一个个离开，我每天都没有脸面面对留下的人。白天对着空空的门店，午夜睡不着的时候一睁眼全是成本，内心特别焦虑。

为了自救，我到处学习。我白天在店里工作，把和客户的对话进行录音，晚上人都走了，我就把录音翻出来，一句一句地回

放。我去琢磨，去提炼具体的成交步骤、方法和话术，一遍遍地自我复盘。有时候在店里待太久，一抬头，天都亮了。

我终于找到了一个不同于行业内传统的成交方法——面诊成交。我通过专业的面部分析，一针见血地帮助用户找到她的问题所在，并且为她提供一整套产品 + 服务的解决方案，同时告诉客户她最终可以获得什么样的效果。客户在跟我聊天的时候反馈：能听懂、感兴趣、愿意听。

- “你讲的这些，我在外面的美容院从来没听过。”
- “终于有人把我脸上的问题说清楚了，还告诉我怎么一步步解决，很清晰。”
- “高洁老师，你是一股清流。”

客户马上付费成交，还为我介绍别的客户，就这样，我的店从面临倒闭一下子变得门庭若市。我知道面诊成交是有效的，更加没日没夜地升级迭代这套面诊成交方法论。同时我还在社群里无私分享给同行，那些跟我一样，有专业能力、有情怀，但就是不开单的美业老板们，也在按照我的方法改变，越来越多的人拿到了成果。

慢慢地，线下也有人请我去辅导，行业峰会找我去分享，检测仪公司请我去分享，我的面诊成交方法论就在圈子里面自然传播开了。有个烟台的学员，因为熟练掌握了面诊成交的方法，她那个只有 3 个人的美容门店，每年的营业额可以达到 120 万元，而利润可以做到 70 万元，平均客单价是 2 万元。还有刚刚把店面从 100 平方米扩大到 200 平方米的学员，因为坚持给新老客户做面诊，每个月产品成交稳定在 28 万～30 万元……

03 因为面诊，我成了美业很多老板心中的“灯塔”，帮助她们找到了方向

专注于问题肌的 M 院长，找到我的时候，手握着一个口碑极好的问题肌店铺，客户 1～3 个月就能达到痊愈效果，一年虽然也能营收 200 万元，但是客户却在不断流失。她整个人疲惫不堪，直言不想干了。

这么好的技术，却要面临没有客户的难题，这是多少美业老板的痛。很多美容院产品要么单一，要么喜欢跟风，往往陷入同质化竞争的困境，也忽略了顾客真正想要的东西。

美容院如何从差异化的项目中获取高利润？**核心就是品项搭建。**我的品项搭建不跟风、不选热门，靠的是两个思维。

思维一：复利思维

美容院可被复制的产品应该占到半数以上，成为顾客反复光顾的理由，同时便于美容师很容易地复制，积累好口碑。这样老板才能从烦琐的事务中抽身，成为一个门店真正的指挥官，而非困于一线的手艺人。

思维二：地图法则

好的产品搭配就是为顾客精心绘制的地图，美容师就是好的向导，每一款产品都是通往更好未来的一站，它们相互指引、环环相扣，引导顾客在享受服务的同时，不自觉地延长消费周期。

遵循这两个思维，我重新帮助 M 院长布局了她的产品品项，她的年营业额像施了魔法一样，从 200 万元一下跃升至 320 万元，而且完全没有依赖新客的增加和自己的亲力亲为，她觉得这种感觉很爽，第一次有了做老板的感觉。

品项搭建的能力决定了你是驾驭品牌，还是被品牌所累。这两个品项搭配的思维，我也沿用在了我 3 年来一对一深度辅导的 33 家门店上，它们都各自找到了专属自己的宝藏地图，营业额全部水涨船高，最高的增幅 80%。每个店的老板都有了自己的差异化的产品方案，不再疲于引流或者打价格战。

04

单店营收 500 万元，40% 利润，是最适合美业的模型

过去，业界崇尚规模效应，认为开设大型店面或连锁经营是通往成功的必经之路，动辄追求千万级别的投资规模。太多大老板，为了维持多个店面运营，尤其是在缺乏稳定团队支持的前提下，极易分身乏术。在各个店铺之间疲于奔波，个人生活与工作严重失衡，最终可能导致业绩下滑，身体健康还受损，得不偿失。

这个时代明显过去了，现在，是一个回归本真、注重品质与个性化的时代——精心培育小巧而高效的营收可达 500 万元的美业超级门店。它们不仅承载着店主对美学的独到见解，也成为幸福生活方式的倡导者。

未来，一个成功的营收 500 万元的超级门店追求的是业绩与利润的最优解而不是最大解。这不仅仅意味着吸引更多的顾客，更重要的是对现有顾客资源进行深度开发与维护，将每一位顾客的价值最大化。200 个客户，为你持续复购 20 年——这就是我们认为的最好的店铺模型。

人口红利消失，流量思维转变成“留量”思维，怎么样留住用户才是核心。这考验着门店的综合营销和运营能力，如何通过个性化服务、精准营销等手段，增强顾客黏性，促进复购，是提升业绩的关键。

我们近 3 年以来，见证并陪伴了 33 家单店实现从零到 500 万元营收的飞跃，其中高达 40% 的利润率更是坚定了我们对未来的判断。

坚定对未来的判断需要三大不容忽视的关键。

- 第一，精准面诊，确保服务的针对性与专业性，赢得顾客的信赖；
- 第二，科学的品项搭建，根据市场需求与顾客偏好，合理布局服务项目，避免同质化竞争；
- 第三，创新活动策划，通过时令性、主题性的营销活动激发顾客的消费热情，平衡淡旺季差异，实现全年业绩的均衡发展。

我是高洁，期待助力 1000 家美业门店成为超级门店，一起做轻松赚钱的老板！

从小镇女孩到福布斯创业女性，我的美业20年

美希

美希高能女性创业圈创始人

福布斯环球联盟女性创业家　　女性高客单价操盘手

赋能上万名女性成长，年营收过亿元

从小镇女孩到福布斯环球联盟女性创业家，我的人生，如果用几个关键词来形容，那大概是颠、沛、流、离！

我人生的第一次转折发生在2007年的冬天。19岁时，为了完成一次说走就走的闯荡，我坐了20个小时的绿皮火车，远赴东北。初生牛犊不怕虎的我，来到了人生地不熟的沈阳，在泼水成冰的季节里，洗一个热水澡都成了奢望，人生第一次感受到无力和落魄。

因为内心不服输的执念足够强大，我咬牙坚持了下来，成了一名美容导购师。凭借着超强的记忆力和亲和力，我很快做出了成绩，市场越做越好。

因为南北方生活的差异，从小生活在温暖的南方的我完全无法适应北方冬天的严寒，在一次又一次的感冒中，我的身体也越来越差，但是这次闯荡让我清晰了自己人生的方向，我下定决心要在这个行业里做出一番成绩。

2008 年，我回到福建，深耕美业，开始真正追梦。那时“韩流”文化盛行，我发现韩式美容大多以手术为主，风险较大，恢复期很长。“世界整形看韩国，微整权威属台湾”，于是我开始尝试跟台湾地区的团队合作。但那时候大陆的轻医美体系不够专业、不够完善，尽管我的思维超前，但总是难以落地。所以我一直在寻找专业的机构、专业的团队，系统地从零开始学习。

2014 年，我遇见了改写我一生的机会。朋友介绍我参加了一场行业内头部医美品牌柏荟的培训会，朋友说：“美希，今天临场缺了位女主持人，要不你客串一下？”我和临时搭档完成了这个任务，会议完美落幕。出道即巅峰，命运的齿轮也悄然开始转动，我进入了柏荟，开始跟着一个专业的、系统的、职业化的公司学习。

在柏荟的这些年，我打开了眼界、提高了认知、掌握了高定美学理念、取得了不错的成绩，还有了自己的家庭和孩子。10 年时间，我和团队沉淀、深耕，披星戴月就是我们日常的生活写照，百万元的业绩不是我们的强项，而是基本功。我常常一天跑三个城市、见五六拨客户，一场活动接着一场活动，三更半夜还在回复客户的信息，拎着一个行李箱走遍全国，甚至怀孕八个月时我还在出差。我习惯包里放一个馒头，饿了就垫一下肚子。

从“社恐”入局到谈笑自如，我拥有了不离不弃的团队，签下了无数个百万元的大单子，至今为止业绩突破 8 亿元，并且我们还帮助近百家新生美店老板摆脱不懂高客单价成交的烦恼，进而让业绩连翻几番。

创业 10 年，我不仅实现了自我价值，陪伴了近万名女性在美业拿到成果，赚到了钱，也找到了我的人生方向。

因为淋过雨，所以我想为更多人撑伞。

我的人生，曾经历了很多至暗的低谷。

我是一个在山窝窝里长大的孩子，父母常年奔波在山间劳作，出生还没满月的时候，父母就带着我奔波了。我从小没有朋友，也很少感受到亲情的温暖。第一次亲情互动，是很小的时候得了肺炎被寄养在叔叔家里，却让我第一次感受到了什么是被嫌弃。

上学之后我回到父母身边，本以为会很幸福，却是伴随着父母每日的争吵和叫骂生活。就是在这样一天天的锻炼下，我掌握了一个本领——在他们打翻桌前把肚子填饱。

在不被重视的日子里，我还经历了校园霸凌，那是我人生的至暗时刻。我不敢告诉父母，也不敢告诉老师，只能独自面对脏乱的巷子和火辣辣的耳光，也是在那时候我明白，弱小只会被欺负，唯有强大才有出路！

在和世界交手的这些年，我找到了救赎自己的方法，那就是学习。不断地学习，不断地破圈，打破重塑。我发现这个世界还有很多美好的人和事，总有一道光照亮你，让你不会掉入深渊。

我还收获了一个昵称“向日葵女孩”，朋友们说我总是能给她们带来希望，带来温暖。我用了一年时间全身心沉浸在我的小茶馆内，把我这么多年创业的心得分享给处在焦虑和困惑中的朋友，给她们做心理疗愈，帮她们找到人生的方向。我带着朋友们体验不同的茶文化、美学文化，去山里看茶农制茶，去景德镇看陶瓷制作，去莫干山发呆，去不同的地方体验不同的生活方式。我经常跟朋友说，**只有找到生命的热情，一切的努力才有意义，千万不要变成麻木的人。**

如果不能做掀起时代浪潮的那个人，就做紧跟时代浪潮的那朵浪花。满地都是六便士的时代，也要抬头去看月亮。

在与美业相伴的十几年里，团队 5 年零流失，每年实现 30% 的业绩增长。我一直秉持高品质、重交付的原则，把客户当朋友。

用一生的时光来经营就是我的价值锚点，因为我不仅仅帮客户摆脱颜值焦虑，更是陪伴客户成长。我不仅仅是个美业人，更是女性成长路上的陪伴者。

2023 年之后，各行各业面临着巨大的考验，美业老板们都在想尽办法为客户提供更多的沙龙，所以沙龙文化纷纷崛起。但是我们发现很多人做沙龙都没有闭环思维，邀约难、到场难、互动差、没有变现等问题，导致他们无法将沙龙持续做下去。所以我们决定将过去 10 年举办上千场沙龙的经验，整理成一门人人可复制的沙龙操盘手密训营课程，帮助更多女性创业者通过沙龙成功打造自己的轻 IP，扩大影响力，将沙龙“一鱼五吃”，实现了价值最大化，打造了“高级人设 + 高级场域 = 高客单价”的商业模型，受到了学员的一致认可和好评。

经过对多年创业经历进行复盘，我发现中国人的浪漫是只字不说爱，只会说“日为朝，月为暮，卿为朝朝暮暮”。

我在想，创业里的浪漫是什么呢？是不是创业时期，朝出夜归、连年无休的奉献？是不是困难时期到来时，员工们的联名降薪申请？是不是每次遇到危机时，团队里每个人都选择共同承担的责任感？其实浪漫是双向的，我常把自己比喻成花园里的花农，我团队里的每个人都是一朵花，在等待绽放的时间里，我会用心地浇灌她们，给予她们全然的信任，坚信她们总有一天会开出不败的花。所以我渐渐地被越来越多的人羡慕，因为我不仅拥有一整座花园，我还能悠闲地在花园中晒着太阳。

现在，我有了孩子，父母健康，事业顺利，很感恩我曾遇到的一切。感恩曾经的留守让我早早学会了自立，感恩霸凌的时光使我内心变得强大和坚韧，感恩被背叛的经历让我看到真实的人性，感恩创业的磨砺让我内心生出了底气，感恩我一直坚守善良，家人还陪在我的身边。走到今天我发现我是幸运的，这幸运的背后有无数次的哭泣，它们都成了积蓄在心底的力量，让我坦荡无惧地继续前行。

回顾深耕美业的 15 年，我觉得这是一个真正属于女性的行业，只要你有梦想，就可以在这里找到同路人。我们互相鼓励，互相帮助，互相照见。我们懂得女性创业过程中的心酸，也懂她们面对未知的勇敢，这里没有是非，只有包容。这里不辜负每一个披荆斩棘的赶路人。

有的人用童年治愈一生，而我却用自己的“光”治愈了童年，在伤疤上开出最灿烂的花，在废墟里重建人生信念，在淋雨后为更多人撑开雨伞。

未来的我，将致力于陪伴更多女性走向自己丰富多彩的人生。我是希小姐，一个浪漫的务实主义者。

穿越人生的

女性智柔的神秘力量

尤妮

尤妮蜜语 MCN 创始人　　百万氛围感博主

福布斯女创业家

人生总是很有趣，明明可以轻松地过完一生，我却在众多选择中，选择了一条最辛苦且有挑战的路。我走这条路不仅仅是出于对成功的追求，更是对自我的发现和成长，用女性智柔的神秘力量去穿越人生，不断突破自我，去挑战、感受和探索。

为什么说女性智柔力量神秘？因为在你没掌控它之前，它就像造物主一样引领你前往目的地。每个女性都应该主动去创造自己想要的生活，活出自己的样子，潇洒恣意、果敢自信，外表与内在并重，内外兼修，灵魂自由。

01 跨界思维：从无到有，创立一片天

创始人，是最“敢要”的一群人，敢向自己要成果，敢向市场要成果，敢向团队要成果，所以说“勇敢的人最先享受世界”。**创始人想成就商业梦想，关键因素有3个：一是信息差，别人不知道的你知道；二是认知差，别人不理解的你理解；三是执行差，别人没行动你行动了。**

一个创始人想要成事，还要有2个能力：首先是坚韧，遇事不慌，坚定信念。其次是抉择的眼光，要有对商业底层逻辑的理解、有对用户的洞察、有视野和智慧，也就是说，敏锐的市场洞察力、持续的用户需求力、创新的市场研发力一个都不能少，这

样才能走向成功。

大学时我第一次创业做项目，发现市场上缺少一款真正满足女性需求的素颜防晒霜。基于市场的敏锐洞察和对用户需求的理解，我带领团队在短短 3 个月的时间里，做了近千次实验，打了几百款样板，招募各种皮肤类型的人群进行新品测试，最终研发出了一款创新产品—— 一抹即白，防晒的同时又很轻薄。极致的产品力加上越来越多的客户在各个平台“种草”，这款产品很快就卖爆了。

当你踩中一个风口时，一定要借着势头乘胜追击，于是我马上研发了一款极薄的仿生面膜。因为当时市面上大多还是 384 无纺布的面膜，很少有人在面膜布上花费精力和资金，但是我带领团队做各种实验、测试，从面膜布上寻求突破，提升用户体验。新款面膜在面世之前，用户体验好评率达 98%，所以我决定玩把大的。我经投资人介绍找到优酷联名，当时优酷拥有 2000 多万用户，所以在大家还在做摆拍宣传产品的时候，我已经在利用明星效应，借助 IP 的力量做营销推广了，很多明星给我们站台。产品、用户体验、营销、IP 形象都做到极致，所以不出意外，它又成了一款爆品。

我发现，好的产品加上营销，并且符合刚性需求，就是每一个产品爆点的组合权机制。

后续我又做了第三款产品，口服“美白针”。2015 年左右，医美非常火，做医美项目不但费用特别高，由于市场混乱，医疗事故频发。所以我立志要打造一款安全、可以口服的“美白针”，让用户一个月皮肤就会提亮一个度，精准定位喜欢医美的人群。口

服“美白针”打造成功后，在医美医院、高端美容会所、医美从业人员中形成了体验式营销矩阵，一下就火爆出圈，势头直追POLA美白丸。

后来加入芳香世家，我将护肤品与科技相结合，打破了传统美容的界限。把日常护肤品和仪器、手法结合，并搭配技术变成一个“020”皮肤管理连锁品牌。我还打造了一套加盟体系，业务迅速扩张，成为行业内的一匹黑马，半年内加盟店便突破了1000家。我感受到，真正的创新不仅在于产品本身，更在于商业模式的革新，擅长运用不同领域的经验进行迭代融合，才是破圈的核心。

如今，我还在持续开发新产品。我研究不同行业的创新点，嫁接到我当下的行业里，做到产品成分更优秀、使用效果更优秀、销售模式更优秀、宣传营销更优秀，在市场上打出极致的差异化，这就是我的爆款逻辑。

要做好商业，除了对商业模式有深刻理解，还要有不停迭代的能力。**跨越当下赛道去看别的赛道，把优势和创新点在自己的赛道上迭代，通过“斜杠”的视角去创新。**

02 为爱发声，唤醒女性对美好的追求

2015 年，互联网虽然已经开始普及，国内大部分女性的独立意识也正在觉醒，但是女性仍旧面临随处可见的不公平待遇，社会还戴着有色眼镜看待女性。当时预备进入女性私密赛道的我，也才 20 多岁，在做市场调研的时候，我就能感受到进入这条赛道所要面对的压力。

当身边的朋友听说我要进入这条赛道的时候，都纷纷劝说我可以选择一条方便易走的道路。像美妆护肤或者医美，都是炙手可热的行业，也不需要接触太多深层次的知识，最多就是医学对面部皮肤相关影响的概念和理论。

女性私密则不同，除了要熟悉掌握女性生理健康知识，还需要熟练掌握完整的妇科以及生理、两性关系的系统知识。如果想真正帮助女性解决私密问题，甚至要去系统地学习女性心理健康。这是个非常庞大的工程，这条路注定会比别的路有更多的风险。

但是，我的内心一旦生出了小火苗，它便很难熄灭了。当我花了 2 个月做了市场调研后，更是如此。一些并不算严重的妇科问题，却让一般女性面对两难局面，要么终身忍受痛苦，要么通过医院花大价钱治疗。以当时社会大众的经济水平，还有人们对女性私密问题的偏见，大多数女性都选择默默忍受痛苦。

由于我在早前也体验过多囊卵巢综合征带来的妇科问题，所以我坚定地进入了这个行业。这不仅是为了市场中的这块“蛋糕”，同时也为了同我一样的女性。

我希望以自己作为用户的经历，来服务更多的女性，因此，我在2022年创立了尤妮这个IP，以及尤妮蜜语MCN机构，签约了很多深耕行业多年的顶尖老师，一起为大家服务。我们每周会在“尤妮·后花园”社群无偿授课与直播，以及分享女性妇科知识等。

以女性私密产品为核心，我同时构建了一个全面的私密养护生态链。尤妮蜜语把从产品到服务，再到教育的课程和私密产品相结合，涵盖了V道训练、花瓣SPA美学、情感心理学、亲密关系学、爱与沟通疗愈等，形成了整套私密疗愈体系，搭建了私密养护的生态链。我沿用了我多年的产品开发经验，把市面上很多口服类、护肤类、高端抗衰类的成分体系，跟私密产品结合在一起，像保养脸部一样去保养女性的私密花园。尤妮蜜语就在这种为女性打造全方位的用户体验中，逐渐家喻户晓。

当时，我参与到了整个科研团队的产品研发和设计中。为了学好女性私密体系，这些年，我不仅考了西班牙的心理学硕士，学习了女性的解剖学，还在国内外学习爱疗愈体系。

要做就做到最好，我要成为这条赛道的“顶级赛车手”。我与行业里顶尖的人合作，把我所学的东西、擅长的东西集合在一起，赋能用户，把产品做到极致、服务做到极致、初心做到极致。

在这个过程里，我是施与受同时兼顾，也收获了很多思想层面的东西。我认识到，当下的两性关系，女性真正的需求是思想的解放，懂得取悦和欣赏自己，拥有自洽的内在，这样我们的身体和灵魂才能自由。

我的事业也不是一直处于高峰，也有低谷的时候。进入这条赛道初期，我也曾经历了 4 年的黑暗时期。但我很喜欢一句话：世界永远欣赏敢于再来一次的人。

我喜欢光，因为当你在黑暗中发光，会照亮更多的人发出不同颜色的光。

03

生命的主题：父母在，人生尚有来处；父母去，人生只剩归途

亲子关系是每个人的一门必修课。如何在亲子关系中找到爱与被爱的力量？如何通过自我探索实现内心的自由？在事业成功

的背后，我深刻地体会到父女关系的力量。

我的背后除了父亲，一无所有。因为父亲，我是一个幸福的人。尽管他并不完美，但是在我的心中，他是我最爱的人。他用自己的方式，给予了我无尽的爱和支持。即使在我最困难、不被所有人理解的时候，他也始终默默站在我身后鼓励我、给我力量，所以我才能披荆斩棘，一路走向光明。

2023 年是我人生中最痛苦的一年，因为这一年，父亲确诊胃癌晚期，这个消息对我来说犹如晴天霹雳。我每天都会守在他身边，无论工作还是休息，我很珍惜这段相处的时间。父亲正经历着身体上的痛苦，却从来没有在我面前喊一句疼。每晚睡前我都会跟父亲相互说加油，我坚信一切都会好起来的，心中总是默念“All is well”。父亲总是慈祥地、细心地和他最爱的女儿聊起关于她的生活、情感、事业的话题。

父亲在离世的前一天，还在我面前运动，微笑且乐观，说他在加油，为见证我的成功和幸福努力着。事实上，因为器官衰竭，父亲已经一个多月无法正常进食了，瘦到了只剩下 70 多斤。可是，在我面前他依然在展示“坚韧”。他离世前几个小时，还在跟我说“加油”。这两个字像烙铁般滚烫地烙印在我的心里，让我每每回忆起，都忍不住热泪盈眶。

后来每次回忆起这段往事，我逐渐明白父亲这么做背后的深意。父亲比谁都清楚自己的身体状况，但是他知道我的人生需要的是鼓舞、是希望。所以他在生命的最后关头，也不想留给我一段灰色的记忆，他不想也不愿意说放弃，他一切的挣扎与努力，都是想留给女儿更多的希望。

我从来没有感受到从哪里获得的力量会超越这份父女关系。父亲带来的爱，是无条件的，是极致的。这份爱是我连接世界的纽带。**即便我们的生命短暂，可是那些爱与被爱的时光都会为我们留下取之不尽的爱的养料。**

爱是可以回流的，就像我总说爱出者爱返，我所感受到的爱，我一定会不留余力让它发光发亮，温暖更多人。

04

探索世界：掌控自己从内心开始

生与死，是我们不得不面对的问题，那么年轻和衰老，也是每一个女性需要面对的重大课题。美貌源自年轻，而年轻的秘密是心态。

同样的年龄，你会发现有的人看起来肌肤红润，气色非常好，而有的人则面色暗黄，丧失了应有的朝气和生命力。已经有不少科学研究表明，人的生命是会随着内在状态而发生波动的，当一个女性充满自由的生命力时，元气便会在她的内里生长。

所以，想保持年轻的状态，最好的办法是保持内在的丰盛自洽，与此同时，对世界充满好奇和探索。

年初，我去非洲看动物大迁徙，刚下飞机护照就不见了，因此延误了 12 个小时。如果是之前，我一定牢骚满腹，但这次我全程都很松弛，该看书看书，该休息休息。经历了父亲的离世、事业的起起伏伏，如今的我强韧到可以接受一切经历、承受一切结果，因为“一切发生，皆有利于我”。

凡是一切经历，无论糟糕的或是美好的，都是我生命中宝贵的财富，可能一辈子就那么一次，是上天给我创造了这种极致体验的机会。所以，我全然享受在非洲寻找护照的过程，也很乐于跟别人沟通，享受等待的过程。我一直保持着平静与喜悦，最后拿到护照，我用非常欣喜的状态给了工作人员一个大大的拥抱。

保持这份年轻状态的秘诀，就是安于当下，只是静静地感受、探索，揭开每一段经历的面纱，但不评判、不分别，使自己处在一个舒适自洽的状态中。

非常感谢自己过往的经历，造就了我现在的心态，让我勇于去尝试没有涉足过的新领域，经历不同的人文风景，体验不同的生活方式。

所以，当我拥有了足够的钱和时间，我给了自己充分的自由。我想学潜水就考了潜水证，我想学冲浪就在菲律宾待了 3 个月学冲浪。再到后来，我又去了库布齐沙漠体验炎热和酷暑，去戈壁徒步体验荒凉和宁静，去呼伦贝尔草原看生机盎然的草场、热情的牧民、奔驰的骏马，去热带雨林体验高湿度环境求生……国内很多徒步旅行的地方我都走了一圈，每次走 100 多千米，最长走过 128 千米，我在挑战自己身体的极限。

极致的探索，会给我打开世界上很多的新的大门，让我看到人生中不一样的风景。

我们人生的这条旅途，又何尝不是一场徒步探索呢？无论是幸福或是悲苦，无可改变的是没有人能够代替你走完属于你的旅途，这条路上唯有你时刻面对自己的处境、自己的内心。

我觉得所有糟糕的事情想要变好，其实都在于心态的转变，佛经中说“心一转，万事俱圆”。所以，当你把糟糕的事情当成是一件美好的事情、有意思的事情，无分别心、无对比心地去体验当下，真正把自己放下，用心、用身体、用你的磁场去感受它，你就会觉得原本很抗拒的事真的是独一无二的体验，因为不可能再有另外一个人与你的体验和感受完全相同。活在当下这件事真的很酷。

在这个过程里，我仍然认为提升自己跟这个世界的连接和感受的能力极其重要，这是接纳、拥抱美好的必经之路。

敢于打破重来，不被糟糕的东西牵着走，敢于屏蔽一切糟糕的事情，能接纳最差的结果，就会在内在充满力量，重塑生命最美好的状态。

真正的自由来自内心的勇敢和创造力的释放。我从不觉得女性只有一个判断标准，不是成为女强人或是小女人，而是想做女强人就做女强人，想做小女人就做小女人。**我就是我，从不被定义。**

姐妹们，让我们一起做好事业，体验生活，人生由自己说了算，拥有爱自己和爱他人的能力。人生的不完美也是一种完美，让我们一起在生活、工作、经历中去感受女性智柔的神秘力量。

看见他人眼里的光，

照见自己心底的亮

郑铮一

跨赛道的连续创业者　　16 年培训咨询行业老兵

女性创业者社群操盘手 +IP 深度陪跑

我是郑铮一，朋友都叫我一一。我出生在部队大院，成长在教师家庭，却总有一股“叛逆劲头”，16 岁从江南来北京上大学，开始“独闯天下”。走到 40 多岁的年纪，回看自己，我在人生 20 岁、30 岁、40 岁的不同阶段尝试了不同赛道的创业，算是一个生命不息、折腾不止的跨行业连续创业者。

如果我的创业故事能够让你找到自己人生的答案，或是激发你前进的动力，那么我的分享就实现了它的价值。

01

25 岁第一次创业为支持男友职业转型，却遭遇自己不得不换赛道的 Gap Year（空缺年）

2002 ～ 2007 年，物流行业快速发展，我在国企中集物流、民企大田物流及外企 DHL 的业务一线摸爬滚打，在销售、市场、客服等各种岗位中轮换，在工作中积累了一定的人脉和经验，同时，对物流行业全局视野和不同形态有了深刻的体感。

彼时，我遇见了男友，他是土生土长的北京人，也是一名物流销售总监。工作中的他，不着痕迹地销售已是基本心法，自己做大客户和带团队，有节奏地打单子拿成果，已是基本动作，却也面临职业天花板的挑战。朋友眼中的他相当靠谱，而他的这种特质和物流行业需要给客户建立的“心锚”非常一致。

我来自江南小镇，居安思危是本能，内在的焦虑推动着我对外不断地拼搏。我鼓励他挑战自己，共同创业，抓住当时物流行业一片大好的形势。就这样，带着100万元启动资金和25页行业洞察PPT，我们吸引了400万元投资，满怀信心，创业起航。

然而，从打工人到创业者的转变远比想象中艰难。习惯了大公司体系的我们，初涉创业如新手游泳。权责不明、人员不足，业务跑在人前头，对全能员工的渴望与现实形成鲜明对比。作为老板，面对市场变化下问题决策的重担，加上事必躬亲的疲惫，让我们感受到前所未有的挑战。

当时的我们市场敏感度强、销售出身谈单能力强，这也让我们过度自信，我们在北京、上海同时开展业务，盲目扩张导致人才短缺、沟通成本激增，最终只能再缩回北京市场。团队节奏失衡，个人优势成为公司短板。公司快速运转9个月后，合伙人关系裂痕凸显，出资400万的投资人只出钱不出人，资金股份占比大，不懂业务却有决策话语权，我和男友对流程把控不足又引发客户投诉。既是亲密关系又是合作伙伴，双重角色的我们在沟通上出现严重错位，频繁的争执不仅带来负面情绪的累积，更导致团队效率下降。痛定思痛，我决定“离开”和“分手”，当时的我认为换个互补型的合伙人，对他、对这个初创团队的发展会更好。

2008年的北京，刚刚成功举办奥运会，整个城市生机勃勃，而失去恋人、初尝创业失败的我却茫然无措。

我选择进入Gap Year，投身公益，希望在支持他人的过程中找回自己的价值感。

我成为 FESCO 职场志愿者的一员，和一群 HR 和心理咨询师走进北京 15 所高校。HR 在做校园招聘、雇主品牌，心理咨询师在做测评和心理辅导，我发挥自己的特长，给不同大学的同学们做两个主题的分享——“从学院人到职场人，别让你的专业限制了你的想象”“打造职场竞争力的前提是深刻的自我认知”，我被同学们亲切地称为“不走寻常路的生涯规划师”。

在一场又一场校园分享和跟学生互动的过程中，我收获了一群 HR 朋友，也从企业用人视角，认识到企业文化和个人潜力、文化匹配的重要性，我还找到了自己第一次创业经历中痛点的解决方案。更重要的是，我发现了自己擅长的领域，并确立了新的职场方向：教育行业或者培训咨询行业。

不如意的经历是自己重新开始的起点，利他的分享可以带来转机，抓住机会的核心要素就是看见自己的优势。

02

34 岁裸辞进行第二次创业，不断向外学习、向内探索，我成为 changemaker（创变者）

26 岁，我转向培训咨询行业，先后在乙方和甲方深耕 8 年。在乙方，5 年中我作为销售顾问，业绩可以做到 500 万～1500 万元，参与超过 300 个领导力发展项目。在甲方，3 年时间内我在汽车行业从集团 HRD 助理到 TD\OD，再到 HRBP，从不同角度洞察了战略落地与人才培养，学会不同的项目用不同技法组合的解决方案。34 岁时，成功带队完成了长久汽车的优秀员工澳洲游的激励方案后，我选择离开，直面舒适区外的未知。

外界猜测我裸辞的原因，或因职业瓶颈，或为预谋转型。实际是，我在为客户提供解决方案时，虽能力得到提升，却也遇见了个人“增长性”卡点。在培训咨询行业，专业常被过分强调，而我渴望找到更简洁、更能直接解决问题的方法。我追求的，是化繁为简、直击痛点。

那个时候，我裸辞的勇气是带着对这个行业的深刻洞察和对我自己深深的“看见”。

在公益圈中，我邂逅了未来第二次创业的合伙人张宁。那个时候，他还是公益圈的“七叔”，还不是湖畔大学的张宁，还不是培训圈江湖上的“二哥”。他是公益人，也是创新创业教练。南京路上的创益家像是公益创新项目的孵化器，孵化了 100 多个像“来自大山”一样有意思的项目并实现自运营。我觉得他一定有他的底层逻辑和商业密码。**他的多元背景和创新思维，激发了我成为一个 changemaker（创变者）。**

POA 极简思维工具的发现，成为我破局的关键。它颠覆了专家模式，以极简助力个人和组织行动，找到破局点。我在 HR 好友的公司落地 POA 助力战略共识工作坊，效果不错，是我想要的

"小而美"的组织。于是我果断裸辞，邀请"二哥"和"教授"一起把 POA 从公益圈引入商业领域，希望助力更多企业和个人获得突破，找到差异化的商业定位。

在 TO B 市场，我们开发 POA+ 场景应用课程，借鉴结构力思维学院的渠道合作模式。在湖畔大学，我们深入分享 POA，挖掘典型案例，提升市场认知。在 TO C 市场，我们成立"POA 习学社"社群，公益分享覆盖万余人，我们坚信并践行"习在学之前，在不断行动中完成学习和分享"。我们通过分享学员故事，展示 POA 的改变力量，将 POA 与多元方法结合，吸引同频伙伴，让改变有创造性地发生，一起来做创变者。

如今以 POA 思维为锥子类产品的培训公司还在，POA 习学社的同学们也遍布大江南北、国内国外，我依然在应用和分享着 POA 思维工具。

看见需求就是先看见痛点，从看见到洞见。专业积累要厚，输出解决方案要轻巧，厚积薄发，"专业"和"创新"并不冲突。

03

37 岁第三次创业落地实体空间，情怀创业让我深刻看见自己的“有限”，也看到了“私域和内容的生产力”

2015 年，M.Y.LAB 作为湖畔大学的创意木作课，是湖畔大学第一期“领导力 + 创造力”的团建第一堂课，象征着实验、尝试与创造力的融合。

2018 年末，受新零售启发，我与朋友在北京创立 M.Y.LAB 木艺实验室，教授 25 天的沉浸式系统玩木课，让学员从木作小白到可以上手。我重拾儿时记忆，将爱好转化为创业项目。就这样，带着 300 万元自有资金和众筹来的 200 万元，我以“热血”启动了第三次情怀创业。

初开业即吸引 200 多人，营收超过 15 万元。随后，我们构建的创意场域、创意木作作品展、层出不穷的玩木体验，甚至吸引了爱奇艺短视频编导的推荐，也引起了短视频平台的关注。

然而，2020 年前后，线下人流骤减，创意市集无法参与。跨界合作、团建课程输出有限，操盘别人的儿童美育空间运营，和全盘构建自己理想中的“第三空间”完全是不一样的，我面临着前所未有的挑战。

及时止损成了我和团队的共同课题。我们缩减空间，尝试线上转型，但最终仍不得不散伙。

被别人 180 万元接盘的时候，对方买走的不仅是 9 成新的设备、装修完美的空间，还有我培养出来的动手和动脑能力并重的老师、拥有 8000 多个木友粉的客服手机、新开发的 80 多个木作课程和云盘里超过几个 T 的视频素材。

回顾那几年的奋力挣扎，**我学会了顺势而为，接受自己的“有限”，才能真正地穿越至暗时刻。**工作室关闭的那一刻，泪水中蕴含的是成长与放手的勇气。

04 42 岁，策划“一一看见”栏目，让更多有价值的你被更多人看见

我从 2020 年开始专注跟更多女性创业者交流，看见了很多女性创业者的内在生长力，那不仅仅是一种被简单定义的柔性力量。

我跟很多女性创业者交流，有时我只是走进她们的创业空间里，慢慢地欣赏、探寻，她们就会娓娓道来她们设计中的精巧心思，并热情分享美图，然后泡一杯咖啡跟说我：谢谢你看见了我，你真的懂我。有时我只是好奇地问了她们几个有层次的问题，引发她们的思考，并把适用“YES，AND”法则将想法私信给她们，就会引发我们彼此的思维碰撞和进一步的深度交流。有时我看见

她们的不容易却没有多说话，只是陪在她们身边，缓过来的她们会抱抱我说：谢谢你看见了我的情绪，并愿意陪我。

是的，用心就能看见。看见是非常有能量的，看见即疗愈，看见就是改变的开始。看见—改变—行动，看见—遇见—同频—共创，这个也是我在 POA 行动教练的过程中一直践行的法门。

怎么把看见的能量系统地呈现出来呢？我想索性不如做个栏目吧，这就是我做“一一看见”这个栏目的初衷。

就这样，42 岁的我，重新出发，策划了“一一看见”栏目，做个人真实 IP 的同时做更多创始人 IP 的陪跑者。**我希望能通过访谈、视频、文字、图片的形式，用心记录每位女性创业者的故事并传递“看见的力量”。**

邀请你来“一一看见”栏目，希望你能在“一一看见”栏目的故事传递中看见价值。一一希望能持续记录我们遇见并看见彼此的故事。

从社恐到
TOP 商学院教练，
即兴人生我做主

奋 斗（裘烨春）

即兴的智慧主理人

商学院即兴表演教练

师从斯坦福戏剧学院教授

你有社交恐惧症吗？你恐惧向公众进行自我表达吗？你会不经意讨好别人吗？你会陷入精神内耗吗？这些，我都有过。

我曾经缺乏自信，害怕进行公共演讲，每次发言都要写逐字稿，然后一上台就紧张。直到有一天，我遇到了即兴表演，看到舞台上的演员在没有剧本的情况下依然可以自在地表演，我也希望像他们这样。于是，我把自己置身于最害怕的情境中，开始学习即兴表演。但一开始真的很难，身体僵硬不说，还很在意面子，思考太多的我，总是在找更好的方法而缺少了行动，“尬”在台上。

即兴表演神奇的地方就在于，它通过一个核心的原则——“YES，AND”，营造出一个安全的场域，在这里每个人都能慢下来，倾听彼此，感知情绪，打开身体，活跃思维，活出一种有活力、对生命充满热情和好奇的状态。

带着这样的状态，我的身影出现在乌镇戏剧节的路边、百人会场和舞台、TEDx 的演讲台上，我和团队一起为观众奉上即兴表演，享受观众的掌声，分享即兴的智慧。

带着这样的状态，我走进了商学院，成为他们的破冰课教练，让混沌创商院、得到高研院、长江商学院、复旦交大 MBA 班的企业家们，都能感受到即兴表演的魅力，放下架子，拿起真诚，带走快乐。

今年是我创业的第 6 年，因为热爱，我走进了即兴，也因此改变了我的一生。

01 平静——童年的回忆

我的随和和乐观，很大部分来自父母的影响。父亲在学校里工作了一辈子，从教学岗做到管理岗，经常戴着一副棕色的粗框眼镜，爱笑又儒雅。母亲读书时一直是班长，工作后在工厂里负责外宾接待和翻译，一头短发，很是干练。

从他们身上我看到了乐观和利他，他们经历了节粮度荒，也经历了下岗潮和经济低迷的时期。无论多么艰难，他们总是在找解决办法。对待身边的亲人，他们也总是很有耐心。

我在他们的精心呵护下成长，经常收到正反馈，这让我懂得礼让。我的学习成绩很好，尤其是英语。有一次，我在南市食品街和外国人聊天，身边围满了人，他们看着我，夸我很厉害，我觉得特别自豪。

02 破局——第一次为自己选择

高考结束后我就开始叛逆，追求自由的我第一次义无反顾地和家里“抗争”，争取到离开老家来到上海求学的机会。

上海的快节奏和天津的闲适不同，“魔都”日新月异的发展和东西方交融的氛围，让我突破了视野。

毕业后我进入了一个战略咨询公司，公司当时的使命是助力中国民营企业走向世界，这点燃了我。在这里，我接触到很多企业家，让我有了全局思维，眼界提升到了新的高度，学会用企业家的角度看待品牌。

03

扎根——躬身入局的蜕变

现实世界里，战略是需要落地的，纸上谈兵不行。

我先后在两家 4A 广告公司任职，从 AE 做到 AD。10 年的广告生涯工作强度极大，我手上最多的时候有 9 个项目同时启动。凌晨一两点钟才睡下，早上九点就精神地出现在客户办公室讨论提案是家常便饭。

我发现，我的性格就跟我的花名“奋斗”一样——一直默默埋头干活，专心做事。从管理客户预期到安排时间表，从内部头脑风暴到最终呈现，我的眼睛从盯着公司方向转到了瞄准每个细节。持续的踏实努力让我从职场小透明成为客户经理，也让我和团队一起为公司创造了千万元的营收。

但随着我从个人贡献者转向管理者，会干活不会管理就成了我的劣势，自己的效率和团队的效率都在下降。那是我非常煎熬的一段时间，就像走进了一团迷雾里找不到方向。

04
转变——与即兴相遇

一次逻辑思维的活动，我走进了即兴剧场。当我看到舞台下每个人都在喝彩，舞台上每个人都在闪闪发光时，我的眼里突然就有了光。我想，这就是我该成为的样子，不是一个人扛下所有，而是支持、鼓励身边的伙伴，允许一切的发生，并把它当作礼物。

于是，我报名了即兴表演课。刚开始练习的时候我总想看看别人怎么做，不想第一个出丑，上台前还打打腹稿。可即兴表演就是这么有趣，你不能和队友商量，所以对方的反应你无法预测，即便自己设计好了想法，但事情并不会按照我的想法来进行。

我遇到了好老师、好同学，每个人都是带着热情鼓励胆小的我，也包容过分紧张时疯狂输出的我，甚至鼓励我带队参加乌镇戏剧节，去开心麻花组织的即兴节学习。看到所有人因为我们的表演乐得前仰后合，看到团队伙伴因为彼此的鼓励感受到力量。我想，这就是我想要的样子，也是我愿意付出所有热情去做的事。

05 重启——开启人生第二篇章

我以前从未想过创业，感觉风险很大，但那种命运给的“提示”来到我面前的时候，我的身心都是有回应的。

2018 年，我和合伙人决定创业，做中国第一家专门把即兴表演带入企业的公司，让更多的人可以在工作中感受到那种正向的、积极的能量的流动。

我们相信“那条小鱼在乎”的故事，也相信我们要做的就是认真对待每个客户，做好每一次交付。

我们的第一个客户是混沌创业营，我和我的老师阿球还有小 E、年糕一起带领混沌创业营的老师和近 50 名创始人用即兴表演做开营，其中有红杉资本中国基金、米未、商汤科技、滴滴、编程猫等，他们成了我的第一批客户。

06
挑战——看见更广阔的世界

很快我们遇到了客户的挑战，他们质疑凭什么由两个不是戏剧专业出身的人来给他们做即兴表演？

一腔热血的我们带着不服输的心气，写了一封信给斯坦福大学戏剧学院的退休教授 Patricia，她是《即兴的智慧》一书的作者，我们希望能够参加她的课程，认真学习即兴表演。

我们做了一个疯狂的决定，暂停公司的业务，开始第一次游学之旅。在感恩节我们收到了 Patricia 老师的邀请，我们趁着这个机会，在旧金山和 Tim Orr 学习了如何更自然地即兴表演，去洛杉矶、圣何塞和南卡罗来纳大学看各地艺术家们的演出。

去纽约参加 AIN（Applied Improvisation Network，应用即兴全球峰会），我看到了即兴应用的全貌，从个人成长到沟通、设计思维，甚至在医院、监狱中，都有即兴表演的身影，它能帮助孩子更有创造力，也能帮助成人更有同理心。

在现代即兴的发源地芝加哥，我们开始在即兴界的麦加“The Second City”（“第二城”喜剧团）学习长篇即兴表演，看到了先锋的、莎士比亚风格的、爱情主题性的即兴表演。

我们把斯坦福的即兴人生课，还有旧金山即兴表演专业顶级的老师带回了国内，让大家感受到前沿的即兴应用，让团队有更好的沟通和创造力。

2021 年，我们的业务全面展开了，和上海 BFC 外滩金融中心、TEDx 有了很多合作。

07 重构——重新看见自己

我以为，人生又一个巅峰要来了，我的第一次创业就要成功了。但是管理问题再次凸显出来，随着团队的扩充，不同的业务线和人员问题，让我又陷入了无力中，像置身在巨大的迷雾中。

经历了内心的挣扎，我决定把公司交给合伙人打理，自己去寻找内心深处的力量。

我总会回忆起一段和Patricia的对话，当时我请教她表演和假装有什么不一样，Patricia用光做了一个比喻。她说：“光是一种能量，我们人也是一种能量。光根据当下的处境，选择呈现出什么颜色。伟大的演员们允许自己呈现出光谱上的任何一种颜色，在塑造角色的过程中，真实地展示自己。你选择成为什么颜色的自己呢？要记得，你总有选择。”

无论我想活出什么样的人生，我总有选择。那个散发金黄色生命光彩的是我，那个绽放橙色温暖的人是我，那个陷入自卑、自责，遁入黑暗的人也是我。**每一个选择和角色都把我们带到了一个新地方，而勇敢的选择带我们成为自己。**

于是，我报名了朱丹老师的意义教练课，参加了李善友老师的一思维的大课，加入了阿仁加速器的人生幕僚私董会小组及同频新商学，在一次次选择和碰撞中照见自己。

我看见了我的脆弱和坚强，也看见了我的胆小与梦想。

08 探索——做即兴人生的主人

我打开自己，迎接可能，当我全身心地享受当下开始行动的时候，我就像一条河，起源处可能非常狭窄，中间经历重重阻碍，在向前流动的过程中，就变得越来越宽阔，最后变成奔腾的大河汇入大海。

我喜欢俞敏洪的“未到终局，焉知生死”的精神，我觉得一个人能够一辈子认真努力地为梦想奋斗，就算成功了。我希望和这类创业前辈一样，但行前路，莫问前程。

我想，**即兴可以带给每一个人的，不仅仅是“YES，AND”，也不仅仅是舞台上绽放的光芒，而是一种生活态度，是接受和包容，是把自己融入各种场合，彼此激发，润物无声的影响。**

人生不是拿着剧本进行表演的舞台剧，而是一场没有剧本的即兴剧。你，总有选择！

从上市副总裁到

生命能量导师，

陪伴生命蜕变成长

陈 思

幸福家庭实修文化推广者　　生命能量导师

厦门大学心理学特邀教师

我是陈思，人生的前30多年，经历了人生的三大关卡：情关、钱关、生死关。从焦虑、用力、外求的状态，回归真实平凡的自己。

我读高中时检查出患有心脏病，与它博弈13年，把自己从死亡边缘救了回来。经历了生死关。

我与高中同学进行了7年恋爱长跑，却情感破裂，使我陷入对爱情的极度怀疑。最后我遇见了真爱，现在与灵魂伴侣已相伴了10年。经历了爱情关。

我成了上市企业副总裁，却发现那不是我追求的真正的生命意义。我放弃了百万年薪、千万股权，从零开始，投身于生命教育。经历了金钱关。

现在，我与伴侣和两个孩子幸福地生活着，做着热爱的事业。

今天，我想把我的故事分享给你。

01
从四川小镇做题家到南开大学研究生，求学之路打开了我的圈层和认知

我出生在四川的一个小镇，小时候住的那条街，就像鲁迅笔下的市井，非常接地气。我家是开茶馆的，旁边有卖米粮油的、卖蜂窝煤的，整条街上都是个体户。

我出生时，爸爸还在东北当兵，直到我 11 岁时才回到我身边。“爸爸”这个角色，我从小就很陌生。妈妈一个人开着茶馆挣钱，还要督促我学习，很劳累。我又很贪玩，经常惹得她忍不住打我。

从小，麻将桌就是我的书桌，我时常做几道题就起身给客人们冲茶。那时我就知道我一定要好好学习，出人头地，才能过上好生活。

妈妈从小培养了我良好的学习习惯，我学习一直很好。高考填志愿时爸爸说，中国加入 WTO 了，学经济能挣钱。于是，我填报了四川大学，学国际贸易。

我现在都还记得，大学报道那天，爸爸在人潮攒动的学校广场上，弯着腰，右肩扛着几个和人差不多大的蛇皮袋，我仿佛看见了朱自清《背影》中的那一幕。那一刻，我清晰地感受到，爸爸妈妈能够陪我走的路就到这里了。后面的路，我要靠自己。

从一个认知有限的小地方来到四川大学，见识到一个更大的世界，我的眼界被打开了。

我不断参加校内活动，兼职打工赚钱，成为院学生会副主席，拿到国家奖学金，还代表四川省去CCTV参加比赛。**毕业时我以综合排名第一的成绩，被保送到南开大学国际经济研究所读硕士研究生。**

到南开大学后，我竞选成为研究生会主席，在新学校有了新位置。南开大学的金融专业在国内排名靠前，因此，我有机会接触许多大佬级别的校友，真的看到了自己出人头地的方向。再加上同学们非常上进，在那个氛围中，我更加立志要成功，拿高薪。

求学之路像一座桥，
架在家乡和世界之间，
让没有背景的我，
一步一步，
走向了更加广阔的世界。

02 事业攀升期遭遇人生低谷，七年恋爱感情破碎，经历生死关时，我曾以为人生无望了

研究生毕业后我进入深圳证券交易所，端上了很多人羡慕的金饭碗，专业对口、起点高，有很大的发展空间。在交易所工作3年，我结识了很多企业家、投资人和高管。我的工作是在云贵川、西藏、重庆等地给企业做上市培训。3年的工作，我从“优秀学生”变为了“优秀员工”。

非常感恩在深圳证券交易所的3年，让我有机会和国家部级、厅级领导，百亿身家的老板共事，这更加拓展了我的资本和商业视野。

同时，毕业第一年我就和异地恋的高中同学开启了同一个屋檐下的生活，7年校园恋情走进现实。我以为可以“执子之手，与子偕老”，但是因为我的内心缺乏安全感，对待感情过于理想化。不过大半年时间，我们的生活就出现了很多问题，没有共同语言，也无法相互理解和支持，长期冷战，最后不得不分开。再加上高强度的出差，我的情绪极不稳定，治愈多年的心脏病复发了。

我两次晕倒，两次被120送进ICU。我身上插满各种仪器的管子，站在生死的边缘，毫无自主权。我感到深深的恐惧和无力，人生就像掉入了黑洞。

一天上午，我隔壁病床的老人，在我眼前安静地离开了这个世界。亲眼看着死亡发生，那一刻我的内心无比震撼。

我问自己：

你一直想要好工作、高收入，

寻求外界的认可，

把爱寄托在对方身上，

这真的是你想要的吗？

03 遇见灵魂伴侣三年抱两娃，“下海”成为上市企业副总裁，人生进入高光时刻

在我人生至暗的低谷时期，我遇到了现在的爱人。在我最难的时候，因为他，我感受到了真实的温暖。同时，我开始接受心理咨询，疗愈内在的创伤。

说到我的婚姻，朋友都说，我和他是灵魂伴侣。其实，和每对夫妻一样，我们也发生过很多争吵。不过，在自我探索中，我清晰地看到如果自己不改变，和谁结婚都一样。于是，我持续关注自己的内心，不断自我疗愈、自我改变，灵魂伴侣的感觉真的

慢慢地自然呈现了。

我一边学习疗愈，一边做新的职业规划。

体制就像一堵围城，外面的人想进来，里面的人又想出去。在爱人的支持下，我终于决定从待了 3 年的深圳证券交易所离职，去市场中拼搏，拿市场化收入。这个决定在当时非常艰难，因为**放弃比坚持更需要勇气。**

经过不断努力，我终于成了一家上市企业的副总裁。我参与制订融资计划，面向海内外投资人做路演，推动股权激励，处理危机公关，落地内部控制管理和组织架构调整等。这些工作都得到了公司非常大的认可，也帮助我实现了自己的社会价值。

这个时候，我收获了我生命中最重要的礼物——我的两个孩子。为了孩子的成长，我持续进行内在的疗愈和修行。

生第一个孩子时，家里 8 个人围在孩子和我身边，事无巨细地照顾我们。我当时休假，每天待在家里，情绪上非常压抑，甚至有点抑郁。所以怀第二个孩子时，我决定去美国生产。

在爱人的支持下，我独自做攻略，一个人大着肚子就去了美国。在小半年独处的待产生活中，我每天跑步、冥想，在森林里呼吸静心，感受到了从未有过的安宁。

在生产那一天，我亲手剪下了儿子的脐带。那一刻，我完全为自己的选择负责了，我非常感动！

这段经历，让我感觉自己被重塑了。后来我继续跟随国内外知名的身心灵导师学习，疗愈了自己，与父母完成了和解，还走出了第一段感情的创伤。同时，我自己 13 年间在国内外无法根治的心脏病，通过积极治疗，也彻底康复了。

任职上市公司副总裁拿到成果，

从国内到国外，从妻子到母亲，

生活和工作都在蒸蒸日上，

但有一个问题一直在我心里萦绕：

什么才是我追求的幸福？

04

用 30 年自我证明，用 10 年自我回归，我找到了人生的使命，服务每一个生命成长

2018 年，我决定做内心真正热爱的事情，把女性成长、爱与亲密、幸福家庭实修落地，把提升生命能量和意识的方法分享给正在被情绪、健康、亲密关系、亲子关系、天赋、使命、财富、事业等问题困扰的人。

于是，我放弃百万年薪和千万股权，进入了身心灵领域，陪伴许多人获得生命成长。我认为**放下职业光环，回归内心，从零开始，是我的勇气。**

现在，我的爱人已成为我践行人生使命的最大支持者。

10 年的内在成长，7 年的专业工作，我陪伴了上千位伙伴实现生命蜕变：

许多事业发展迷茫的朋友来到我身边，突破了瓶颈；

一些婚姻情感破碎的女性来到我身边，慢慢修复了心中的伤口；

许多父母带着焦虑和忧愁过来，解决了与孩子相关的问题；

饱受焦虑、抑郁、失眠痛苦的朋友找到我，获得了身心的宁静；

想找到天赋使命的人带着渴望而来，带着希望和理想的光走上新的人生路；

企业家带着投资难题而来，通过对自我生命更深处的探索，找到了符合自己的发展方向和经营思路。

我的成长过程，是一个不断自我疗愈、获得内在力量的过程。我到达过事业的高峰，也经历过人生的低谷。

现在的我，享受家庭生活的温暖，在日常生活中修行，**把工作作为爱的管道，服务来到我身边的人，支持他们活出充满希望的人生。**这也是我的使命。

这便是我迄今为止的人生。感情和婚姻的痛苦没有困住我，身体的疾病没有让我失去希望，物质和金钱也没有让我迷失。

经历了生命的黑暗，我更愿意给予世界光明。

成长路上，我一直坚信：

没有任何经历可以定义我们，除了我们自己。

任何痛苦都是带着包装的礼物，

走出痛苦后，我们便能收获藏在其中的生命的馈赠。

人生是一场旅行，重要的是沿途的风景，

充分参与和体验，才不枉此生。

人生难免遇到风浪，情关、钱关、生死关，每个人都有自己的关卡。**那些让你感到痛苦和无法超越的，最终都会化为助你增长智慧与勇气、慈悲与爱的菩提。**

我把自己的故事分享给你，祝愿你穿越风浪，到达生命的彼岸。

我是陈思，一个在你身边、支持你蜕变的生命能量导师。

我愿服务来到我身边的同频的朋友，回归本心，活出自己热爱的人生。

从温室花朵
到品牌创始人，
我的生命觉醒之旅

Lily

Libi Studios（利比珠宝）创始人　NGTC 珠宝鉴定师

PPL CRYSTAL 品牌主理人　西安交通大学 EMBA

01

女性的生命是一场觉醒之旅

我大学毕业后，23 岁结婚，24 岁生孩子，26 岁进入家族企业。有人跟我说："Lily，你的人生真是一帆风顺啊！"可是，当温室的花朵要走向市场、走向社会，要经历怎样的身心蜕变？一个女性的觉醒和成长，又经历了哪些阶段？从一个乖乖女，到一个好妈妈，再到一个品牌创始人，从依赖到不再依赖别人，我的生命成长过程，也是很多女性真实的生命写照。

02

温室中长出来的花朵，从小种下独立的种子

有人说，童年得到的爱，会成为长大后的光。我无比体会到拥有一个正常、宽松、温馨的童年有多重要。我出生在一个优渥的家庭，是家中的独生女，集家人的宠爱于一身，是他们的掌上明珠。爸爸妈妈对我的教育很宽松，我想学什么，他们就让我学什么。记得那时候我最喜欢的是美术与设计，很喜欢给家里的娃娃设计各式各样的衣服，给它们穿上我亲手缝制的漂亮衣服，我就特别有成就感。

爸爸是一个沉着冷静、情绪稳定的人，他几乎不怎么发脾气，在他身上，我学会了理性冷静地看待事物，学会了包容、不计较。妈妈在公司是个雷厉风行的女强人，但是生活中对我却有着无微不至的照顾。他们俩的结合，给了我很多安全感。我上高中的时候，妈妈被公司安排去新疆工作几年，这意味着高考前她没办法陪伴在我身边。虽然家里有保姆，但是妈妈一直坚持每天早起给我做早餐，每天给我煲汤，给我切好水果。妈妈外派之后，我就知道自己要学会独立了。高中学习压力特别大，但是当亲人不能一直陪伴在我身边的时候，我知道最重要的是学会坚强，积极地面对生活。

家里最疼我的是爷爷，他经常陪我下棋，教我书法，鼓励我要积极向上。他的工作很忙，对所有人都非常和蔼可亲，对下属也特别宽容，谆谆教导，他的为人处世之道对我产生了特别大的影响。我 11 岁时，一次正在上课，班主任接到我爸妈的电话说爷爷病危，让我去医院。等我赶到医院，却没有见到爷爷最后一面。我站在医院门口，整个人都呆滞了，没哭也没讲话，到了晚上才一个人躲在被窝里偷偷哭，不让任何人看到。爷爷出殡那一天，我看到爷爷的木棺被抬去火化，那一刻我突然就放声大哭起来。最疼爱我的人永远离开了，这让我伤心欲绝。爷爷的离世，让我更想做出点成绩，不辜负爷爷对我的爱。我努力学习的同时，积极竞选成为班级和校级干部，积极参加各种比赛并获得奖项。虽然爷爷已经不在我身边了，但我仍然希望自己能够成为爷爷的骄傲。所有人都觉得我是乖乖女，但是我的内心是比较好强的，我希望成为像爷爷一样有能力、有担当的人。

03 对经营充满兴趣，年少时开始创业

我读小学时，家里买了电脑，我喜欢玩电脑游戏，但不像其他小朋友一样玩那种升级打怪的游戏，我就喜欢玩那些经营类游戏，会思考怎么操作才能使我的这家餐厅、这家客栈或者这家便利店赚更多的钱。这也成了我创业的启蒙。

读初中时，互联网开始兴起，各种各样的网站崭露头角。我那时对各种新兴事物都会产生浓厚的兴趣。我开始自学网站设计和网页代码，并参加了广州市青少年网站制作大赛，获得了广州市少年组的二等奖。当时我为喜欢的明星偶像建立的网站和论坛，吸引了一批粉丝的收藏与追随。网站每天的浏览量都能到达 5000 多人次，周末高峰期还能达到 10000 多人次。对于 2003 年那时候的互联网，这个数据真的是非常可观。虽然这个项目没有以盈利为目的去运营，但是对于当时的我来说，已经很满足了，我对自

己创立项目充满了自信。

大学时期，淘宝也是在起步阶段，好奇的我已经迫不及待地开了我的第一家淘宝女装店。大一、大二的时候，因为课程比较多，我没办法花太多时间经营淘宝店，于是我便寻找可以一件代发的工厂，成为他们的代理。我直接用他们的产品图上架到我的淘宝店，在课后做好店面设计、产品上架和客服的工作即可。而到了大三，课程少了很多，我有充足的时间，所以已经不甘于做代理，希望可以有更多的利润空间。我便自己去批发市场找货源、拿货，自己拍产品图、修图，自己发货，全部由自己一个人完成。这样我每个月的利润能有一两万元，赚到了人生的第一桶金。

04 第二次独立：成为妈妈让我更坚强而有勇气

大学毕业后，我便走进了婚姻殿堂，先生创立了一个男装潮牌，他主外，我主内。有了孩子后我才体会到什么是真正的生活。就像很多人说的，孩子是父母的软肋，也是父母的铠甲。因为他，让我感受到了生活的艰难，也是因为他，让我想要变得更优秀，可以独当一面，更好地影响他成长。我知道在孩子小时候给予他的陪伴和爱，有多么的重要。我想给他一个高品质的童年，于是我每天都会看很多书，学习各种育儿知识，照顾孩子的日常饮食，

学习如何引导、教育他。

但是毕竟是第一次当妈妈，我也有做不好的时候。我记得有一次，那时候他才两三岁，很调皮，让我特别生气，我就打了他几下。结果我的脾气大，他的脾气比我更大，跟我对打了起来。这种冲突发生了好几次，让我特别难受。我反思自己不能用暴力解决问题，就大量学习、看书、看一些育儿博主的分享，学习如何正面和孩子沟通。慢慢地，我学会了用心平气和的方式跟他聊天，有问题的时候就耐心跟他沟通，了解他的动机和需求，他需要我陪伴的时候，我都在。所以，现在的他非常有安全感，很积极乐观，充满正能量，放学后也会自主完成作业，课业方面从来没让我操心过。他也学会了理解我，我们相互鼓励，支持彼此去做想做的事情。

我觉得孩子就像是父母的一面镜子，我们自己是什么状态，孩子就是什么状态。想改变孩子，不如先改变自己。**当我们更加努力向上，孩子也会更有目标。**

05 品牌遇到巨大危机，在绝境中起死回生

随着品牌的发展，我先生的男装潮牌也到了发展的关键时期，从第一家店开到了300多家店。我在公司分管财务和进行内部运营管理。2017年，我们的目标是一年之内扩张到600家店。公司在上半年就筹备了600家门店的产品下单生产，但是下半年，整体招商情况没有达到我们的预期，大量的库存导致我们的资金链极度紧张，最糟糕的时候，我们的应付账款达到了上亿元。2020～2023年，更是让我们的实体门店雪上加霜，很多人都无法线下购物，我们现金流不足，商场的回款又慢，导致很多供应商的货款没有办法及时结算，我们每天都收到供应商的催款消息，压力非常大。

我们认识到，必须要调整公司战略，才有活下去的可能。评估当下的环境后，我们决定投入人力和资源发展线上渠道、直播和电商，同时想各种办法消化库存。一年之间，我们从800家门店缩减到了300家，把全国门店压缩到南方的6个主力省份，回归产品的核心，专注品牌建设。线上和线下同时发展，在维持品牌正常持续经营的情况下，慢慢偿还供应商的欠款。这次的危机让我意识到，一个品牌或者一个企业，在不同的时期会遇到不同的困难和危机，没有任何东西是恒定不变的。不管是个人还是品牌，都需要不断升级迭代，才有足够的抗风险能力。

06 破圈成长，创立品牌，独立意识觉醒

经历服装品牌从0到1、从1到100成长起来的全过程，加上2020～2023年的动荡和危机，我发现**所有企业都需要有前沿的商业思维，给公司注入活力，才能使其更长久地发展。**于是我报考了西安交通大学的MBA，学习新兴的商业思维，关注IP和流量，打磨我的商业理论体系，同时在实操中运用。

对于家族公司和先生的男装品牌，我觉得自己一直是个追随者。我突然感受到一种恐惧，如果自己不具备独立的能力，面对环境和家庭的变故我就会无能为力。我不可能永远依附父母、配偶或者原来的积累，我需要有独当一面的能力，真正从内心生长出力量和底气。于是我下定决心，开始筹备自己的品牌——Libi Studios（利比珠宝）。

以前的创业风险让我意识到，在前期根基不稳的时候，不能做太多的投资，而应以轻资产起步，设计好盈利模式。所以运营利比珠宝时我用的是零库存模式，先把样品做出来，面市后再去寻求销量。当我不断走向市场，发现有很多女性跟我一样，从无意识到慢慢找到自己，剥离掉其他的身份，如妻子、妈妈、女儿等，找到自己作为一个独立个体的意义和价值，坚定自己要做的事业以及获得内心的力量感。我的珠宝品牌的用户，都是和我一

样想要独立、绽放的女性。

很多人会问我为什么坚持做天然珠宝，而不选择人工珠宝？因为人工珠宝做出来的都是标准化产品，千篇一律。而做天然珠宝的人都知道，天然珠宝都是大自然孕育出来的，它们刚被发现时可能平平无奇，也不是完美无瑕，而是各有不同，但就是这样才能使其成为独一无二的存在，而它们还需要通过抛光打磨才能变得闪耀璀璨。这不正是像我们一样吗？虽然每个人生下来都是普通人，身上都会有不足的地方，但并不影响我们通过不断的磨炼提升自己，然后发光发亮。品牌名“Libi”寓意是“我的心”，我希望通过个人 IP 的形式，讲述我的价值理念和女性在独立成长过程中的思考，**希望通过自己的一点力量，可以影响更多的女性，关注自己的内心所向、自身的成长与幸福。**

从以前的“小女人”到现在的“大女人”，我经历了从妈妈、公司内部负责人、十年品牌起伏的亲历者，到脱离之前的所有身份回归自己。这份勇气的背后，我的家族给了我很多力量，我有了一份责任和使命感把家族的精神传承下去。

我是 Lily，一直在路上，记录女性觉醒过程中不同阶段的状态和思考。

从背后空无一人到用脚步丈量世界，我的人生跃迁之路

玮琦

福布斯环球联盟创新企业家

上海元合丨大驰创新联合创始人　　工艺美院特聘讲师

从小镇青年到求学改变命运，从策划到设计管理再到企业创始人，服务近百个中国工业头部企业，我用了20年。这20年，从背后无人支撑到成为一个不断支撑他人生命发展的人，这就是我的人生跃迁之路。

01 贵人不是等来的，努力争取才会被看见

我从小在漂泊中长大，有非常多的不安全感，却也因此有了独自面对困难的能力。我的背后空无一人，必须靠自己走出去。

求学是我改变命运的唯一出路。为了考入当地最好的初中，我挑灯夜战，突破极限；为了选择合适的高中，我打了一个月的电话自主择校。这种独立，也迫使我练就了稳定的情绪、强大的内心。

高中我选择读艺术专业，从此开启了教室、画室、宿舍三点一线的生活。在求学的不同阶段，老师给了我很多帮助，我经常下课的时候就跑到办公室找老师沟通，主动寻求答案。老师的帮助让我在成长的路上没有跑偏，他们就像黑暗中的明灯，照亮了我前行的路，是我人生的贵人。直到现在，每逢教师节，我依然会订一束花，发一条消息，打一个电话给我曾经的老师们，过年时我也会登门拜访他们，与他们聊聊一年来发生的事、遇见的人。一日为师，终身为师，感恩一直在我的心里。

这样一路的勤奋和努力，让我走出了那座小城，迎来了改变命运的机会。

02 观世界才有世界观

我知道一定要走出去，去不同的城市、不同的国家，见不同的人，看不同的生活方式，才能开阔眼界，提高认知，才能做出更准确的选择。观世界才有世界观。

从三线小城考到省会城市，又到上海进入华东师范大学，和身边同学的落差让我深刻感知到视野和认知对一个人成长的影响力有多大。

后来我去台湾做文化交流、和国际设计团队一起做研究，从国内认知到全球视野，学习从设计管理到个人品牌再到企业营销等多维度的设计管理方法和国际化理念，全新的世界观在我脑海里慢慢构建起来。这也让我的人生有了第二次转折——选择行业。一份好的事业能成就一生。

我的第一次实习是在SMG“声动亚洲”栏目组，这份工作让我对活动策划有了清晰的概念。毕业后我进入活动公司参与《浙江骄傲》栏目舞美工作，从策划设计、跑工厂、盯制作再到现场搭建彩排，我完成了从设计师到项目管理的角色转变。

后来我看到了市场对高级定制活动的需求和行业趋势，开始了我的第一次创业，创立了“这里”工作室。为此，我熬了几个通宵只为奥迪新车发布营销案的顺利落地；我跑遍了国内大小城市的顶级酒店选择合适的婚礼场所，我跑花市、下工厂，通宵搭建婚礼场地，忙到电脑在现场直接报废，3个月完成了五六场百万级婚礼的极致呈现。

从设计到项目运营，我一直在追求价值、深耕专业，感恩我职场生涯中遇见的每一位贵人、每一位客户，他们选择我、相信我，最终我们彼此成就。

03

女性的多重角色、多重身份，是挑战也是命运的惊喜

在职业生涯的高速成长期，我遇到了一个巨大的挑战——对团队运营认知的欠缺，让我很快结束了高定工作室的事业路线，同时迎来了我的女儿，这是我生命中最珍贵的礼物。

事业的低谷和女儿的诞生同时到来，初为人母的我既惊喜又焦虑。我想，这也许是命运最好的安排，让我有机会停下来，感受生活，感知自己，向内察觉。随着女儿的出生，我也完成了一次生命的自我更新。

陪伴女儿从学会翻身爬行、蹒跚学步到快乐奔跑，我也一直在学习怎么做一个好妈妈。很感恩女儿的到来，让我有机会再次体验童年的快乐。我也更想让她看到妈妈的力量，于是我重新回到工作岗位，去找寻自己人生的下一条成长曲线。

我又一次选择了创业，这次是专注工业品牌打造。出生在工人家庭的我，从小就在工厂里跑着长大，伴随房地产行业下行，大力发展制造业成为经济发展的主要趋势。

2020 年，我为国宴用瓷做了第一个品牌展厅。我把之前做高定活动的创新点，用在了这个项目上，完美完成了我第一个独立的展厅项目。我找到优势互补的合伙人，把积累的能力和沉淀的资源融入这次创业中，专注为工业品牌营销提供整体解决方案。我们踩对了行业发展的风口，以企业展厅为切入点，打造工业品牌，构建可参观的标杆工厂，2020 ～ 2023 年迎来了公司的快速转型和飞速成长。

这次创业，也让我接触到了非常多优秀的企业家，每个人的创业故事不同，相同的是他们都拥有坚韧不拔、敢于创新的企业家精神。每一位创始人都是孤勇者，更是企业的灵魂，很多企业家都是从行业一线干出来的，哪怕企业做大做强也依然奋战在一线，以开放的姿态接受和托举更多年轻人的创新之路。

04 创业者都是孤勇者，人生没有低谷和高光，所有经历都值得

我有三次创业经历，第一次是开摄影工作室，一年就关掉了；第二次是做高定项目，追求创意的极致，因缺乏商业思维，思考之后项目暂停，我去寻找人生的下一条成长曲线，才有了之后的第三次创业。其实，每次行动前我都做最大的努力，同时做最坏的打算。

在别人看来我非常光鲜亮丽，其实我的内心也曾出现巨大的自我怀疑。从一个策划人到创业者，需要做管理、做老板，这种角色的转换让我非常不适应。我不断把自己放到项目中磨炼，学习管理、财务，学习分析市场，慢慢地我学会从原来的低头做事到现在的抬头看路，从埋头苦干到相信和放手，从态度严苛到给予员工容错空间，实现了从自我思维到利他思维的转变。**我发现，我和客户的沟通也不再是谈判，而是变成了平等交流、价值共创；我与伙伴的共事不再是压力，而是共同成就。**就这样，公司从几个人发展到几十人，我们持续服务了非常多的工业头部企业，在细分领域打出了知名度。

我感受到自己内心的成长，更加笃定，更加自信，我不再需要太多外界的认可。我觉得我能做好事业，更多来自内心的坚定和家人的支持。

当一位妈妈可以花很多精力投身于工作，一定有家人在背后为你操持家庭大小事务；当一位创业者可以全身心向前，一定有合伙人和团队在背后为你支撑公司项目发展；当一位拓新者可以只身前往，一定有勇敢者为你铺路。

05

文量世界，踏宽人生路

从小镇青年到成为一位女性创业者，从一个人闯世界到背后有人无条件托底，我也从成就自己转换为希望未来可以影响更多人。

一路走来，我走出了黑暗、低谷，克服了自我怀疑和自我证明，从背后空无一人到用脚步丈量世界，这是我的人生跃迁之路。未来还有很长的路要走，专注当下，脚踏实地，我要和同频共振的人一起感受和体会这个世界的丰富多彩。

我是玮琦，用脚步丈量世界，踏宽人生路。

生命不息，折腾不止，

平凡女孩创造的非凡人生

米 娜

全球遇见创始人　　首席品牌官

10 年深耕私域赛道

我是米娜，从杭州径山的小山村走出来，平凡的我创造了不凡的人生。**一路奋战，不是为了改变世界，而是去看世界。**

没有资源，没有人脉，从负 100 楼的起点走到人生高峰，不服输的精神融入了我的血液。

一路走来，我经历了生命的打碎、重启、至暗、新生。我也在这个过程中，从一个一无所有的普通农村孩子，慢慢走向世界，开阔了视野，升级了认知，增长了财富。是时代的红利和行业的机遇改变了我。

01

三代人总有一代要吃苦，我决定由我来吃

1985 年的寒冬，我出生在杭州余杭径山的山村。作为家里的二女儿，我活得像一个男孩子，特别争强好胜，在班里男生都不敢惹我。

我的父母是地道的农民，改革开放后，父亲就开始经商，虽然家境不算富裕，但在农村条件还算是不错的，一家人生活得很幸福。我以为，我家的日子会这样安稳地过下去。没想到，一次变故，改变了我们一家人的生活，也改变了我的一生。

30 多年前的一个夏天，父亲遭遇了重大交通事故，抢救了一天一夜，人最终救了回来，却落下了终身残疾。从此我的家境每况愈下，生意一落千丈，负债累累。全家人为了生存，搬迁到杭州城区，开始了打工之路。

母亲在生我那年由于产后大出血落下终身疾病，身体一直不好，父亲又不能干重活。那几年，我们一家四口租住在十几平方米的出租屋内，厨房、床和吃饭的地方都挤在一起，睡觉的时候，我都会担心蟑螂钻进我的耳朵里。有时候，家里一天卖出一桶矿泉水，只有 6 元钱的收入。

我不知道那时候是怎么熬过来的，在 17 岁的花季，我的世界仿佛是一片黑暗。因为我的成绩很好，是音乐类尖子生，全家人支持我考音乐学院。但是我知道，艺术生需要昂贵的学费来支撑，我家没有，那只能去借。有一次，我父亲带我去跟老师求情，宽限一些时间交学费，却被老师拒绝。

那一刻，我心里特别难受，暗暗下定决心，我一定要出人头地，改变命运。三代人，总有一代要吃苦，要么是我的父母，要么是我，要么是我的孩子，我决定，这个苦由我来吃。

02

不服输融入我的血液，迎来改变命运的起点

大学毕业后，因为骨子里不服输的性格和追求自由的天性，我选择了创业。拜师学艺，新手起步，我成了一名婚礼跟妆师，这一干，就是 5 年，且获得了浙江省新娘化妆造型大赛的总冠军。

可即便如此，我的收入只够日常开销，没有更多结余。直到我怀孕那年，一次在微信朋友圈看到朋友分享面膜，我买来用完后觉得不错，她说可以通过分享赚钱，我毫不犹豫地马上开干。

因为化妆，我的朋友圈积累了很多高净值女性，我一把面膜分享到微信朋友圈中，马上就有很多人来买。一夜之间，我感受了爆单的滋味，一天发 100 多个快递，全家人忙着到小区挨家挨户收集纸箱，打包发货。我一边抱着哺乳期的娃儿，一边在微信朋友圈中分享产品，就这样开始了我的第一次创业。

没想到，这样一个决定，改变了我整个的人生轨迹和家庭命运。

03 零人脉、零资源、零背景，负 100 楼的人生跃迁之路

我踩中了电商崛起的风口，2014 年，我的淘宝同品牌店铺成为面膜销冠店铺，靠的仅是一部手机半年多的销售。

那时候，我潜意识里就有个人 IP 的概念了。淘宝所有的店铺首页都是产品图，只有我的店，封面是我自己的照片，我还在详情页贴出了大量真实的客户反馈、聊天记录。甚至为了让更多客户参与晒单，我组织了“带着面膜去旅行”的年度美图大赛，客户们带着我的面膜去了云南、新疆、内蒙古、三亚、马尔代夫，还有澳洲、欧洲的一些城市，别具一格的营销方式，让我一夜出圈。

在我生日那天，我买了人生当中第一套房；2015 年，我买了人生中第一台车——保时捷，轰动了朋友圈。自此，我从一个人到百人、千人、万人团队，年销售额突破了 1 亿元。

2019 年，我回乡给父母盖别墅，乔迁那天，几乎全村人都来了，所有人都对我竖起大拇指。看到父母脸上的喜悦，我心里无比感动和骄傲，那是无数个日夜艰苦熬出来的成果。

所有的风光和成绩，是一个农村女孩，没有人脉、没有资源，靠着家家户户发传单，去演唱会门口送小礼物，慢慢堆积出来的。

没有人告诉过我，下一步应该怎么去做，我只能靠自己一步一步摸爬滚打。

2023 年 1 月，我经历了事业低谷期。在奋力拼搏多年后，所有的困难都不能把我打倒，但是被质疑和不信任，这是我不能接受的，我发现了当下的平台和我的价值理念的不一致。再三思考后，我放弃了苦心经营 10 年的积累，跟团队和事业做了断舍离。可我的内心，也受到了非常大的伤害。我关闭了朋友圈，这对一个十年如一日经营私域的人来说，真的非常痛苦。

各种负面的消息扑面而来，我没有解释，没有辩解，整整一个月的时间，我拔掉了手机卡，完全与世隔绝，我开始看书、学习，放下一切，回归家庭。我很感谢我的家人，不管在什么时候，他们都陪伴着我。

下一个 10 年，我要换一种生活方式，我希望先停下脚步，为未来做好规划。

04

陪伴女性创业成长，拥有随时重启人生的底气

我开始修行，去寻找人生的方向。修行不是追求长生，也不是追求神通，而是追求内心的宁静与智慧，追求洞察世间万物运行的法则。活着，就要活得明白。

过去10年，我一直在向前冲，从来没有停下来反思一下，我要的到底是什么样的生活。在这半年的事业空窗期里，我开始内观，发现自己的问题，寻求改变。

经过对事业方向的深刻反思，我明白，只有真正跳出“内卷”才能破除“内卷”，不在一条赛道上挤到底。

2023年，几个合伙人聚到我身边，我们决定一起开创一个创业者平台。过去很多微商个体创业者，需要囤积大量的货，占用很多资金成本，销售压力大。为此我们决定做一个让女性安心创业的平台，真正让女性能够安心赚钱。

凭借过去供应链、团队人脉的积累，2023年6月28日，我们成立了创业平台“全球遇见”，这是我在人生40～50岁这个阶段，所做的一次全新的选择，为创业者搭台，为追求高品质生活的人搭台，做一份多方共赢的事业，做一份持续10年、20年、30年的事业。

我躬身入局，参与到品牌的每一次迭代、产品的打磨中，提

升团队价值感，陪伴创业者创造非凡人生。

我们的平台，用了不到半年的时间，完成了 50 万用户的增长，又用了半年的时间完成了百万用户的增长。**我完成了全新的跨越，也是又一个从 0 到 1 的开始。**我的生命，也在跨越一个个困难的路上，实现了内在升华，我的内心更清晰我要坚定的事业方向——持续陪伴创业者。

从微商团长到女性创业导师、平台创始人，创业开拓了我人生的可能性。经历了微商的整个商业周期，看到市场的变化规律，我发现不管是人生还是创业，都要先实现人格独立，再实现经济独立，**财富积累和自我迭代是一场马拉松。**

我是米娜，在创业的路上，不断遇见灵魂契合的人，生命不息，折腾不止。

从北京胡同的大杂院走出来，在纽约街头传播中国文化

吕昕亭

Buds & Buddies Mandarin 创始人

蒙台梭利 AMI 0—12 认证老师

美国纽约顶级私立学校中文老师

从北京走到纽约，从大杂院的红砖墙绿瓦顶到踏足世界的舞台，从传统文化到充满活力的多元文化，我终于找到了自己的价值和使命。我是吕昕亭，一名AMI 0—12蒙台梭利教师，致力于教育事业，将中美文化融合的理念融入我的教学和生活中。

纽约，这座充满无限可能的城市，为我提供了广阔的舞台，让我能够将童年的梦想与成人后的现实结合起来。我不仅在这里实现了事业上的梦想，还在多元文化的碰撞中找到了新的灵感和动力。

我的人生旅程充满了挑战和机遇。每一步都让我更加坚定地追寻自己的梦想，也让我更加热爱这条不断前行的道路。

未来我希望能够继续在教育领域深耕细作，将中文启蒙和蒙台梭利教育的理念推广到更多的家庭和学校中。我也期待与更多志同道合的朋友们共同进步，一起分享教育的乐趣和成果。

01

出生在北京的大杂院，从小种下教育的梦想

作为一位地道的北京姑娘，我在红砖绿瓦的大杂院中成长。胡同里的嬉戏打闹，宏伟建筑的映衬，让我的童年充满了传统文化的熏陶。院落的红砖墙和绿瓦顶，承载了我无数的记忆，墙头上的瓦片在阳光下闪烁着淡淡的光泽，仿佛诉说着古老的故事。院子里的柿子树、啄人的老公鸡，每天去鸡窝里掏鸡蛋，给小兔子喂吃的，以及每日晨光映照下的红砖墙，都为我的童年增添了无限的色彩和乐趣。

在我的成长经历中，有一位非常重要的人，那就是我敬爱的姥姥徐恩梅女士。

姥姥是一位资深的幼儿园园长，一生都在幼儿园工作，姥姥会写一手漂亮的毛笔字，一个人拉扯着 3 个姑娘长大。她对我的影响深远，爸爸常说我小时候哭闹不睡觉时，只要抱着我往姥姥家的方向走，我就能安静地睡着。我最喜欢听姥姥讲故事，她总是充满耐心和爱心地给我讲述各种有趣的故事

和人生道理。正是因为她的影响，我才萌生了成为一名幼儿园老师的梦想。

但父母希望我选择一条更加稳妥和有前途的职业道路。高考志愿我遵循家人的意愿选择了统计学，毕业后我成为一名统计员，参加了 2008 年的人口普查和 2010 年的经济普查，这些工作让我接触到了大量的数据信息，也让我对社会的运作有了更深的理解。统计工作需要高度的细致和耐心，这些品质也帮助我在职业生涯中取得了一些成绩。

我内心深处对幼教的热爱并没有消失，每当我看到孩子们天真无邪的笑脸，就会想起自己儿时的梦想。想成为幼教老师的种子在我的心中悄悄发芽。

02

赴美读研，打开了我人生的新机会

2011 年，我迎来了人生的重要转折点。我决定赴美读研，重新审视自己的职业选择。经过深思熟虑，我毅然决定从商科转到教育专业，这意味着我要从头开始，面对全新的领域和挑战。但是，这才是我真正想做的事。

在美国读研期间，我进入了纽约的公立学校和私立学校实习，接触到了许多不同类型的教学方法和教育理念，我逐渐找到了自己的教育风格和教学热情。在与孩子们相处的过程中，我感受到了前所未有的满足感和成就感。

2013年，我迎来了自己的孩子。身份的转变给我带来了不同的体验，让我重新认识生活和人生。我从孩子身上看到了很多本真的东西，也是在养育孩子的过程中，我与蒙台梭利教育结缘。成为母亲后，我更深刻地体会到了教育的重要性，也更加坚定了传播蒙台梭利教育精神的信念。

我在蒙台梭利教育中找到了自己的激情与热爱。蒙台梭利教育强调尊重儿童的个性，培养他们的独立性和自我探索的能力，这种教育理念深深吸引了我，我决定将其作为我的职业追求。我从2014年开始系统地学习蒙台梭利教育的方法和理论，通过不断的实践提升自己的教学水平。

之后，我成立了Buds & Buddies Mandarin教育公司，专注于推广中文启蒙和蒙台梭利教育理念，特别是在华人社区中推行中文启蒙教育。很多妈妈都把孩子送来我这里学中文，大部分孩子

从 1 岁开始就跟着我学习到现在，从零基础到现在可以流利地说中文。

回顾过去，我的职业道路虽然曲折，但每一步都充满了意义。无论是统计员的经历，还是在美国的求学和实习经历，都为我今天的教育事业奠定了坚实的基础。姥姥的教育、家庭的期望、职业的转变，这些元素共同构成了我的成长历程。如今，我终于能够实现儿时的梦想，成为一名幼教老师，并在蒙台梭利教育中找到了属于自己的位置。

这段旅程让我明白，**梦想虽然可能会被现实暂时遮蔽，但只要坚持和努力，最终一定能够实现。**

03

为教育梦想而努力，用生命影响生命

作为创始人，我不仅负责公司的战略规划和日常运营，还积极参与课程开发和教学。我深知教育的重要性，因此在每一个细节上都力求做到最好。

在公司的发展过程中，我与团队成员共同努力，致力于为孩子们创造一个充满爱的学习环境。我们不仅教授语言技能，还注重培养孩子们的独立性、创造力和批判性思维。我们一起推广中文，做博物馆研学，做美育，一起守护孩子们的童真。看到孩子们在我们的教育中茁壮成长，我感到无比的欣慰和自豪。

38 岁的我，因为感染病毒曾接近死亡，我昏迷了 3 天，躺在病床上一个多月。那时，我每天在病床上看董宇辉老师的直播，他的知识和智慧，仿佛化成一股无形的力量支持着我，带给了我无尽的希望，让我感受到生命的力量和阅读的魅力。

阅读让我们跨越了时空的距离，在茫茫人海中相遇。这种知识的力量和精神的共鸣，让我更加坚定地追随自己的梦想，并将这份热爱传递给更多的人。董老师的影响不仅改变了我的生活，也让我更深刻地体会到教育的意义和价值。

我想和诚信、努力、同频的人一起成长，一起去做一件有意义的事情。生命是一场盛大的遇见，用生命影响生命，是我一直坚守的核心价值观。

我相信，只有诚信待人，才能赢得他人的信任；只有不断努力，才能实现自己的目标；只有用心去影响他人，才能真正产生积极的改变。同时，找到与自己价值观相同的人，并与他们一起成长和奋斗，是我人生中最大的幸事。

04

致力于传播中华文化，梦想光芒万丈

未来3年，我想带领我的团队打造出我们独特的教育品牌，致力于中文启蒙教育，传播中华文化。我们希望通过创新的教学方法和丰富的课程内容，让更多的孩子对中文产生浓厚的兴趣，能够自信地使用中文进行沟通和表达。

为了实现这个目标，我们计划结合现代科技手段，开发一系列有趣且富有教育意义的教材和教学工具。如我们的“亲爱的熊猫”绘本订阅盒子，把中文书寄到千万家，通过在线课程和互动应用程序，让孩子们能够随时随地进行学习。我们还将组织各种文化活动和博物馆夏令营，让孩子们在真实的语言环境中体验和学习中文。

作为Buds & Buddies Mandarin教育公司的创始人，能与一群志同道合的朋友一起幸福地创业，每天为实现教育梦想而努力工作，是我的幸运。

从北京的繁华到纽约的浪漫，从统计员到教育工作者，所有旅途铺就了我现在的路。未来，我将继续在教育领域深耕，与更多的孩子和家庭分享中文的魅力与价值。

感谢每一个在这段旅程中支持和陪伴我的人，让我们一起迎接更加有意义的未来。在这个充满无限可能的城市里，活出自己的精彩！

全职宝妈
转型职场创业，
一场不凡的生命逆旅

茱 迪

杭州媛颂医疗美容机构高级主任　　媛颂集团讲师

2024 年文曲星设计师比赛评委

实战面部美学抗衰老设计师　　国际健康咨询师

敦煌戈壁丝绸之路传承人

01

千岛湖的女儿：童年自由生长

在千岛湖的柔波里，童年时的我就像湖中的鱼儿一样自由。我出生在千岛湖一个美丽的小镇上，父亲是一名国有企业的工人，母亲全职在家照顾我们 3 个孩子。因为要生我，在国营单位的爸爸失去了晋升的机会，一辈子只能做一个普通的工人，但他从未后悔，反而给予了我更多的宠爱。

我十几岁时，就已经有了商业头脑。家里的菜园和果园产出的蔬菜和水果，我们除了自己吃，剩下的我就会拿到市场上去卖。没吃完的番薯藤、冬瓜、南瓜，我就拿到早市上去卖，一天能卖 5～10 元。然后到了暑假，我就让哥哥到码头上去进一些甜瓜、西瓜，然后挑到集市上去卖，一个暑假我就把一年的学费都赚了出来，替爸爸妈妈减轻了家庭负担。那些年，我不仅赚出了自己的学费，更培养了自己对商业的敏感和热爱。

02

十年旅游，走遍大江南北

千岛湖是一个旅游城市，因此上大学时我选择了旅游专业，毕业后也没有继续升学，而是直接投身于旅游行业。直到我发现在杭州做导游比在千岛湖的收入要高 20 倍，所以我就想去大城市闯一闯。我说服哥哥开车把我送到杭州，从“杭州一日游”做起。因为我特别勤奋，半夜来的团都是我去接，整整一年给别人免费带团，练口才，就这样我的收入从每个月几百元逐渐增加到月入过万元。我用自己的双手，编织着属于自己的梦想。

我走过华东五市——上海、南京、苏州、无锡、杭州，做了 10 年的导游，每走过一个地方，我都能把当地的文化历史故事讲得很好。因为我很擅长讲故事，所以慢慢结交了很多全国各地的朋友。

2008 年，我遇到了我的先生，后来进入婚姻殿堂。受我母亲的影响，婚后我成了一名全职妈妈。我放弃了工作，全心全意地投入家庭和对孩子的教育中，支持先生的事业，陪伴孩子们成长，教他们读四书五经，从一年级到四年级全程陪伴，希望他们能够成为有知识、有修养的人。

但随着时间的推移，我发现以前工作时，我很擅长跟人打交道，很开朗，也很喜欢跟人交往，工作上可以做出一番成绩；现在当我把所有的关注都放在老公、孩子身上，我发现我没有了自我，逐渐开始抑郁和焦虑。

03 从全职宝妈转型进入职场，因为生活的重压负重前行

2017 年，先生的公司出现了问题，负债 2000 多万元，面对这样的困境，我知道自己不能再沉溺于全职妈妈的角色中了，我需要重新站出来，为家庭分担压力。于是，我从全职宝妈再次走进职场。

在朋友的引荐下，我接触到医疗美容这个行业。这个行业对我来说是全新的，当周围许多的人都不看好我进入这个行业的时候，我还是毅然决然地进入了这条赛道。

此前我因为只顾家庭和孩子，从来不顾及自己的穿衣打扮。自从我进入美业后，我首先要改变自己的形象，从发型到妆容都要改变，周围朋友都说我完全像换了一个人。因为看到一个朋友

负债300多万元，通过一年的时间逆风翻盘，这极大地激励了我，我觉得既然她可以，那我一定也行。

在医美行业，我从一名最普通的顾问做起，凭借着自己的专业知识和真诚的态度，赢得了客户的信任。我不仅帮助客户找到了适合自己的变美方案，更在这个行业中找回了自己的价值和成就感。我仅用了一年的时间就晋升为公司的高级主管，成了公司里的金牌讲师，甚至成了媛颂集团的集团讲师，举办了上百场美学沙龙。

在这里，我得到的最大的财富是自我成长，成了一个能够创造财富、创造价值的人，不仅在经济上得到了独立，更在人脉、资源、经验上有了巨大的收获。我学会了如何面对困难，如何在压力下保持冷静，如何在挑战中寻找机会，我的内心也越来越坚定，越来越强大。

04 涅槃重生，创造自己生命的奇迹

我的经历告诉我，女性不应该只是家庭的守护者，更应该成为自己命运的主宰者。我们可以通过自己的努力，实现自我价值，创造属于自己的精彩。我希望通过我的故事，能够激励更多的女性勇敢地走出家庭，追求自己的梦想，成为独立、自信、美丽的现代女性。

在医美行业，我不仅帮助了上千名女性发现了自己的美丽，更帮助她们找到了自信和力量。**我相信，每个人都有追求美的权利，每个人也都有改变自己命运的能力。**

现在我每年的收入都在不断增加，个人能力也在不断提升，每年我都会自我复盘。我非常喜欢稻盛和夫的一句话：这个世界上最伟大的商业模式就是利他，让所有跟你交往、向你靠近的人都能获得价值，让每一个人为你而来。

我的故事，是关于成长、奋斗和自我实现的故事。无论生活给予我们什么，我们只要有勇气去面对，有决心去改变，就一定能够找到属于自己的光明。

我的故事，也是关于爱、责任和坚持的故事。无论遇到什么困难，我们只要心中有爱，有对家庭的责任，有对生活的坚持，就一定能够克服一切困难，走向成功。

在未来的日子里，我会继续在美学设计领域深耕，继续帮助更多的女性找到自己的美丽和自信。我也会继续学习和成长，不断提升自己的专业能力，成为更好的自己。我相信，只要我们不断努力，不断前进，就一定能够创造出属于自己的精彩人生。

苦难，是生活给予我们最好的礼物。它让我们成长，让我们坚强，让我们更加珍惜所拥有的一切。感谢生活给予我的一切，无论是顺境还是逆境，都是我成长的阶梯。我会继续前行，继续奋斗，直到实现我的梦想。

这就是我的故事，一个千岛湖女儿的奋斗之路。从小镇到大城市，从全职妈妈到医美行业的成功女性，我用自己的经历告诉世界：**只要有梦想，有勇气，有坚持，每个人都能够创造出属于自己的精彩人生。**

从癌症抑郁到自救成功，

影响 3 万个家庭走向健康，

用生命影响生命

江 丽

钻石红新滋补品牌创始人

一级健康管理师，深耕有机行业 11 年

全国合作商 4000 余家

带领 1000 余人走上健康饮食美好生活之路

我是一个癌症患者，这个身份将我推入人生至暗时刻，又让我引领 3 万个家庭走向健康食疗。从因抑郁放弃自己到现在完全康复的 12 年，是“钻石红”健康食疗体系救了我。

我是江丽，来自东坡故里。我敬仰苏东坡，他豁达的人生态度让我坚信我的人生也一定可以顽强、闪亮地度过，如今我做到了。

这是我生命自救的故事，今天我把这个故事分享给你，**希望你无论处于什么样的黑暗中，都要相信生命中依然有光。**

01 东坡故里长出的顽强豁达的生命

我出生在四川眉山，那里是东坡故里。我一生热爱这片土地，因为这片土地养育了我。我从小就是一个留守儿童，作为家里的老大，我总是在关爱弟弟妹妹，渴望成为他们的榜样。

记得有一次，我看到邻居家的小孩的妈妈在给她洗头，太阳光洒在她的头发上，那一幕让我体会到了母爱的光辉和温暖。我摸了摸自己打结的头发，满心羡慕。

我内心非常渴望父母的爱，因为父母常年不在身边，我心里总像空了一块。我开始变得特别独立，开始想着怎么给予别人关爱，希望这个世界上不再有留守儿童。

后来读大学，我遇见了“从校服到婚纱”的爱情。我和爱人相识于大学，大学毕业后借钱一起创业做服装生意。由于从小独立，我急于想证明自己，所以起早贪黑，不顾身体健康忙于赚钱。虽然赚到了钱，但长期的消耗却让我的身体敲响了警钟。

02 生命被按暂停键，我的癌症自救之路

25 岁那年，一次正常的体检，却让我的生命突然按下了暂停键。我的身体里长了一个肿瘤并且已经癌变。

我躺在医院的病床上，朋友一进门就问医生："她还有多久？"这句话让我如坠深渊。我才 20 多岁，还没有成为理想中的自己，还没有过上理想中的生活，就要面对死亡，我完全无法接受这个事实。

我陷入无尽的低谷，想要放弃自己，是家人的爱和陪伴一次一次将我从绝望中拉了回来。

做化疗的时候，喝完药一周内我的胃都像火烧一样难受，我内心很害怕。我反思自己之前的生活状态，一定是"吃"出了问题。我看到书上有患癌症的人通过食养的方式调理好了，仿佛看到了希望。于是我开始早上六七点起床，锻炼跑步、看书学习，搭配健康饮食，就这样我的心慢慢地静了下来。

我老公二话没说就给我买了 7000 多元一台的破壁机、30 多元一斤的有机食物。我开始一步步照着那本书上的调理方法去做，按照食谱每天制作 3～4 杯健康饮品来喝。

没有想到就这样一个一日三餐的小动作竟然救了我。开始化疗后我一直觉得身体不舒服，特别是喉咙，我喝了一个月的五白

精力汤，那个秋天我终于感觉自己的身体变好了，心情都舒畅了。我反复研究那本书，找各种珍贵的食材，按照每一份食谱去试，同时我把食谱分享给我的病友，他们的健康状况也慢慢有所改善。

我觉得食物的自然疗法太厉害了，我完全爱上了这种治疗方式。我联系品牌总部，他们有很多台湾的有机食材，我说我想要把食物的自然疗法传播出去，让更多人受益，想做这个品牌的代理。得到总部授权后，我就租了一间办公室，开始每天在楼下发传单做宣传，怀孕后我也挺着个大肚子去进行专业学习，出去讲营养学的课。但是因为这个理论很少见，市场还不成熟，两年下来我亏损了 30 万元，但我还是要坚持做。

总部被我的坚持感动了，给我介绍了大客户。我的事业蒸蒸日上，同时我看到很多重症病人因为我的食疗方法改善了身体状况，于是我更有了信心和动力。我开始在社区分享一日三餐食疗

调理方案，建立了一套真正有效的食疗方案，帮助亚健康、三高和慢性疾病人群调理身体，帮助孩子调养咳嗽、感冒和长高问题。慢慢地，行业里越来越多人关注到我。

我通用食物自然疗法打败了癌症，完全康复，自救成功。因为淋过雨，我更想为更多人打伞，因此我风雨无阻地推广食物自然疗法。**我要用大自然的智慧告诉更多人，健康其实很简单，改变一日三餐就可以做到。**

03 启动"钻石红"自然食疗体系，唤醒更多人生命健康觉醒

越来越多的人找我调理身体，但是超级食物很贵，好的药材成本都很高，很多普通家庭根本负担不起。我发誓要找到性价比

更高、更适合长期食养的养生品。直到遇到枸杞，它是一味药材，适合所有体质的人滋养肝肾，提升免疫力。

2020 年，我成立了品牌“钻石红”。因为钻石是纯净的、透明的、天然的、珍贵的；而我找到的第一款有机食材就是枸杞，枸杞有 4000 年的历史，又是中红色，代表健康和传承。我希望我做的品牌是健康的、智慧的、纯净的、利他的，所以我的品牌叫“钻石红”。

传承商业智慧，让商业回归本质，用干净、诚实的方法赚钱。

我发现真正能卖好滋补品的人很少，所以我很用心地想把这个品牌做好。我花了 100 多万元，找到严格符合我的标准的工厂合作，这种对于高标准的坚持是值得的，我的枸杞一上市就有很多人慕名而来，争相购买。

有一次因为工厂的失误，我们有一批货没有经过高温灭菌，价值几十万元的货品全部胀袋，我一家一家去代理商那里退货、道歉和赔偿。我前后换过3家合作工厂，把产品质量看得比生命还重。甘肃、新疆、宁夏、青海、内蒙古等枸杞产地我都走了个遍，走访排名Top5的枸杞汁加工厂，达到我的标准的工厂很少，有机认证的更少。

最后，我决定冒着前3年可能亏损的风险自建工厂，这样我就可以严格把控原料端、生产端。我想认真做好这件事，让国人的生命健康觉醒。工厂选址昆仑山脚下种植万亩有机枸杞的基地，基地方圆30千米内无污染，每年为每棵枸杞树施20千克有机肥，灌溉1吨昆仑山雪水，确保好的环境和水源养出高品质枸杞。工厂把有机鲜枸杞在采摘后6小时内加工成汁，没有任何添加剂的同时保留全部营养。自此“钻石红”的产品质量就稳定了，达到了有机高标准。

我们陆续也推出了“钻石红”标准的沙棘汁、沙棘油、芝麻丸……都是我们做食养方长期需要食用，而且效果不错的食材。

“钻石红”这个品牌，代表着纯天然的食材，代表一种与大自然交流的方式。结合一日三餐的食养法，去对抗疾病给大家带来的痛苦。

我把纯净、天然、美好的生活方式带给大家，获得了无数认可和选择，有近3万个家庭选择“钻石红”。

04

从癌症到重生，我希望用生命影响生命

水到绝境，是风景；人到绝境，是重生。**每一种人生，都在引领我们修正自己。**因为得癌症，我学会了敬畏生命和自然。

作为从癌症自救过来的人，我知道好的有机食物是可以救命的，每一份有机食谱我都研究了、吃过了，我坚定食疗可以改变身体健康状况。当你的饮食结构变了，你吃进去的都是健康有营养的东西，你的细胞的底层结构就会改变，你吃的每一口食物都会滋养你。

癌症治愈后，我还自然怀孕，顺产生下了一个健康的宝宝。他真的是我人生的超级见证者，一生下来就头发乌黑，三天就可

以抬头。这也体现出孕期食材有多么重要，吃得健康和天天吃高脂肪高糖等不健康的食物，孩子生下来时的状态完全不一样。可以说，我改变了整个家族的饮食结构和健康。

很多大家以为的遗传性疾病，其实是日常不良饮食习惯的遗传，所以改变了一个家庭的女士一日三餐的模式，改变的就是整个家族的命运。所以我**希望改变大家的饮食模式，让大家真正了解食疗的本质，学会智慧养生和生活，在一日三餐里找到幸福感，让每一餐都变得有意义。**

种植有机食材，保护土壤，让更多有机农人有好的收入；

影响千万家庭健康饮食，在一汤一饭中感受到幸福；

从癌症患者，到影响 3 万个家庭通过食疗变得健康。

我是江丽，**从癌症中重生的我，希望用生命影响生命，为中国人的生命健康助力。**

幸福感创业，精油与心灵的和谐之旅

槿 娴

抚星辰芳香疗愈 SPA 空间创始人　　IFA 国际芳疗师

半莲植物护肤品创始人

在现代都市的喧嚣中，人们往往忘记了与自己内心对话的重要性。我的人生经历了从被安排到自我实现的转变。30岁之前，我过着按部就班的生活，没有梦想和太多的追求。30岁之后，我在精油的芳香中找到了与自我和解的路径，我开始觉醒，意识到自己需要改变。我离开了自己并不擅长的工作，开创了一片属于自己的芳香天地，也彻底改变了我的人生轨迹。

这是一段关于自我探索、心灵成长与创业的旅程。

01 童年的影响与内心的觉醒，精油融合身心疗愈

我的童年，因为父母忙于生意，我与太奶奶相依为命。这段成长经历让我拥有了超越年龄的同理心和细腻的情感。我曾是别人眼中的乖乖女，按照父母的安排完成学业和工作，但我发现，我并不享受被安排好的生活，相反，我对于这种生活很排斥，渴

望追求内心真正的热爱。

我经历过一次情感破裂的打击，这让我情绪崩溃，满脸爆痘，我看了中医、西医，都没有调理好，一年半的时间痘痘一直反复生长。

直到我遇见精油，发现了一种全新的自我疗愈方式。红花缅栀精华油（一款从泰国鸡蛋花中萃取的精油），不仅改善了我的皮肤问题，也让我感觉有一种情绪被释放了出来，我感觉到了被看到、被理解和被接纳，幸福感油然而生。我觉得精油和植物护肤不仅能在生理层面发挥作用，也有心理层面的作用，我相信它对很多人都会有帮助。

也是因为皮肤和情绪的改善，才有了后来我想把精油跟护肤品结合在一起，做一个纯植物护肤系列。继而我想开辟一个小空间去分享它，我希望真正传递一种健康的护肤理念，让护肤不仅仅只是皮囊的外在养护，更成为心灵放松的美好时光。在经历一天繁忙的工作回到家中后，如果可以感受植物的香气，同时还可以滋养皮肤，忘却工作的烦恼和压力，那真的是太美好了。

带着对精油的热爱，我决定创业，开设了抚星辰芳香疗愈SPA空间。

当时我没有任何的创业经验，也不知道还要多长时间才能收回成本，我只是单纯地想要分享这份美好。我的第一家店只有 60 平方米，我沉浸在上课、选材、耗材包装里，还有打包发货、做咨询。有时候，我一整天头也不抬地在做咨询，但丝毫不觉得累，整个过程都让我觉得很滋养。

在这里，我不只是销售产品，更传递了一种芳香生活的理念，让我的客户身心更健康。

02 从 60 平方米的小空间到心灵港，专业与理念的结合

随着时间的推移，老客户越来越多，店铺从 60 平方米扩大到 100 多平方米，我以精油和植物护肤为媒介，为客户提供身心的疗愈。我相信，**身体的疾病往往是心理问题的反映，而精油能够帮助人们找到内心的卡点，达到真正的放松和平衡。**我发现精油和植物护肤，在我们心理层面的效用要远远高于生理层面的效用。

很多时候生病只是症状。生病其实是人身体的一种智慧，是一种身体表达的信号，让我们知道要去调整。从心理层面上来说，精油能让你找到自己内心的卡点，懂得放松。如果一个人的心态是平衡的，心境是豁达的，心里没有太多的委屈，就不太可能生很大的病，很多身体疾病都是心理问题导致的，所以精油和芳香

疗法更多作用在身心灵三个层面。

每个月我会围绕我学习的内容做沙龙，把学到的东西通过自己的方式输出，这又是一次学习和更新迭代。我在一次次内容输出的过程中，调整配方，优化后端服务，在技术层面、认知层面、服务层面一直保持精进。在我看来，精油和芳香疗法真正的价值就在于能够带给人们健康和幸福，所以我希望抚星辰不仅仅是个精油疗愈的场所，更能成为女性心灵的港湾。

我的店从 60 平方米到 100 多平方米，再到 300 多平方米，每次都是客户推动着我们扩大店面。我考取了护肤品类的配方师，还学习了临床应用和免疫功能学，几乎每年都飞往法国南部、摩洛哥，去植物精油的原产地学习、探究植物的原产地。在法国，我看到了大家对于精油居家应用的理念和习惯，深受启发，我希望在国内也能推广这种用植物的“精魂”来调养我们身体的理念和习惯，我想传递这份美好。

03 心态决定命运，传递健康与幸福

我最骄傲的，就是来到我们店里的客户，尤其是坚持做芳香 SPA 的客户，她们整个人的身体状态越来越好，我觉得这是我的福报。哪怕在创业过程中，我也遇到了各种挑战，如团队管理、

人员流动和运营策略的调整，但是有了这份回报，让我相信我总能找到解决问题的方法，遇到困难也不会退缩，而把它看成自己成长的机会。

我希望通过自己的经历和专业知识，传递一种健康和幸福的理念。**每个人都应该学会倾听自己身体和心灵的声音，找到适合自己的疗愈方式。**

我想打造一个女人情绪的避风港，在她们有委屈却不想诉说的时候，有地方可以放松、疗愈自己。在她们心理能量不足的时候，有一种方式可以快速充满能量，感受到自由、活力与温暖。

04 轻而易举地富足，幸福感的实践者

精油的芳香，能够帮助我们放松心情，内视自我，提升生活质量。我们只有真正放松下来，深入内心，了解自己，才能找到

属于自己的道路，实现身心的和谐与平衡。

我觉得，如果一个人不能从工作中获得幸福感，赚多少钱都没有意义。同时拥有幸福感和富足生活不是遥不可及的梦想，可以通过积极的心态和行动来实现。**我不仅是一个创业者，更是一个幸福感的实践者和传播者。**

我希望，每个人都有能力通过自我探索和实践，找到属于自己的道路，实现身心的和谐与健康。去追求内心真正热爱的东西吧！勇敢地迈出改变的第一步，无论多大年龄，都不晚。

让热爱点燃生命之火，

陪伴身心灵成长

姜暖暖

正信家族办公室合伙人

健康管理事业部负责人

01 童年的成长——在与否定的撞击中看见自己

我出生在一个大家族，爸爸姐妹众多，是家中的独子，也是长子，从小在爷爷奶奶的宠爱中长大。可是他的幸运并没有延续到我的身上，因为一些传统的根深蒂固的偏见，我的童年充满了不公平的对待。尽管如此，我天生喜欢亲近别人的本性，一直没有改变。

我的童年，是在与表妹表弟的玩耍中度过的。我们年龄相仿，相处和睦，那本应是段无忧无虑的时光，却因为家庭的偏见，让我感受到了深深的委屈。然而，这并没有阻止我成为一个乐于社交的人。

在学校里，我的学习成绩并不稳定，总是被拿来和成绩优异的表妹比较。这种不断的比较，让我备感压力，但也激发了我证明自己的决心。

高中时我遇到了我生命中最重要的两个朋友。跟她们相处的过程中，我开始对自己有了更全面的认知。透过她们的眼睛，我看到自己是一个很真诚，非常有个性、有想法的人。我看到了自己的与众不同，之后哪怕再被比较，我也坚信自己是一个非常独特的人，这种信念支撑着我在被比较中保持自我。

那段时间，我有了旺盛的表达欲，表达力得到了极大的提升。

02

职业选择的迷茫与探索

大学时，我选择了与我个性迥异的数学专业，毕业后，我立志不从事与专业相关的工作。一次偶然的机会，我读到了大卫·奥格威的《一个广告人的自白》，这本书激发了我对创意工作的热情，我决定投身广告和公关行业。

然而，我很快发现这个行业并不能给我带来长期的价值感。每一个项目似乎只是为了满足客户的需求，让他们赚取更多的利润。我认可要帮助客户和公司赚钱、盈利，但我更渴望在某个行业中做更深入、更有意义、更能帮助我成长的事情。

在与领导的一次谈话后，我得到了一个转型的机会，开启了我在广告创意行业的第一次转型，这让我看到了自己的潜力。2015 年，我转型文创产业，成了政府与企业之间的纽带。那 4 年，是我在 2023 年之前对工作最充满热情、最投入的时光。

03

转型走到职场高峰，找到热爱和价值

2017 年，我第一次接触到展会行业。通过做“北京文交会”这个项目，我第一次感受到了做平台为企业赋能，帮助他们对接更多客户，从而让上下游企业得到良性发展的价值和意义。这让我极其兴奋，我每天工作 10 ～ 16 个小时，但并不感觉疲惫。我和领导一起负责项目的宣传，用了不到 3 个月的时间，完成了近 1 万名专业观众到场的业绩。

2018 年，我开始独立负责项目的宣传，当年到场的专业观众人数翻了近 3 倍。我的团队在我的影响下，不知疲倦地工作，每天都是最后一个下班的小组。同事问我：你怎么有那么多精力，每天最后一个离开办公室，第二天又精神饱满？那一刻，我深刻体会到了价值感的力量。

“北京文交会”这个项目让我看到了自己专注某件事所爆发出的热情和潜力，它带给我的成就感，让我不再甘于朝九晚五地上班。我开始思考自己的未来，探索适合自己的道路。

所以，我开启了人生中第二次、第三次的转型。如果说第一次转型让我看到了自己的潜力，那么第二次、第三次转型则是让我更多地看到了自己的弱点和优势，也在其中摸索出了一条适合自己的路径。

04 爸爸的离开，让我看到家人和健康的意义

经过朋友介绍，我了解到一个“手工阿胶糕”项目，我希望以妈妈为原型，做一个手工阿胶糕的品牌。起初，父母并不支持，但在我的一番努力后，他们成了我的事业合伙人。

我们一家人一起做阿胶糕，这成了我一生中最难忘的经历。我以妈妈的侧脸做品牌 Logo，当时爸爸已经被确诊为肝癌晚期，但是在做阿胶糕的过程中，他像健康人一样，帮妈妈一起备料、熬制、包装，经常让我忘记了他是一名肝癌晚期患者。在爸爸生命的最后时光，我们一起工作，这让我深刻感受到了来自家庭的爱和支持。

这段经历也让我对健康领域产生了浓厚的兴趣，我开始接触中医调理，学习气血、湿气之类的中医理论知识，我发现自己对健康领域有很大的热情。也是因为了解了中医调理的价值，我开始帮爸爸找中医大夫做调理，延缓了他病情的发展，让他多陪了

我们一段时间。

我很感谢这段经历，因为它，我跟爸爸有了高频率的交流。在他生命最后一段时光里，我们互相陪伴，这让我了无遗憾。

05 大健康行业的选择与影响，让我成为灵魂陪伴者

爸爸去世后，我开始思考自己在健康领域，到底做什么才能让自己更有价值感、成就感。通过朋友的介绍，我接触到了“健康管理”。在正信家族办公室中，我选择了健康管理作为我新的事业方向。

我承担起了招募 B 端客户的责任，通过公司的健康管理服务平台，为大健康企业提供个性化赋能。我们的平台汇集了从健康检测、健康报告解读、提出综合健康管理解决方案，到最后提供“治未病、治已病”的全套式落地服务。各个环节所涉及的资源，包括技术、专家、产品、服务等，在国内外都极具权威性。

爸爸去世后，我非常关注身边人的健康，加上自己的身体也出现亚健康状态，长达一年多的调养，让我知道“治未病”的意义远大于“治已病”。

这种为大健康企业提供商业赋能的方式，可以让很多人享受到权威的综合健康管理解决方案，帮助千万家庭打下健康的基础。

未来，我想成为一个灵魂的陪伴者，为千万家庭带去健康只是我守护生命的开始，而灵魂的陪伴远不止于此。**我在人生不同阶段，去体验、去丰富我的生命，都是为了成为自己，用成为自己的力量去滋养和陪伴别人。**

我曾跟朋友戏称自己是个愚者，在自我认知的路上走了很多弯路，曾自以为是，也跟灵魂对抗过。但是在十几年的职业生涯中，我也遇到了很多指引我的贵人，我很知足。

未来怎么样谁都无法确定，但可以确定的是我们必须对未来抱有热爱，才能活出自己最真实的模样，无论是对于工作还是生活。如果热爱消失了，那就持续寻找，直到找到它。不断地问自己，这是我热爱的事情吗？这是我的生命追求吗？用我们的热爱去服务和支持更多人，是我们每个人的使命。

逆境中绽放的生命，我的生命蜕变之旅

陈婉玲

十年品牌营销人　　大健康集团企业高管

亿级品牌操盘手　　商业品牌营销顾问

这是我生命蜕变的故事。我生命的起点极低，只能自己一步步走出来，走向高峰。这一路的自我救赎磨砺了我，也成就了我。

01

潮汕女孩的坎坷求学路

我出生在广东潮汕的一个农村家庭，家里兄弟姐妹 5 个，我排行老大。很小的时候，我就离开了父母身边，和爷爷奶奶一起在镇上生活，在那里我度过了一段快乐的童年时光。

小学四年级时我回到了父母身边。在家里，父母说我作为老大要让着弟弟妹妹，我第一次感受到了作为家中老大的责任与压力。

那时家中穷困，经常没有饱饭吃，我饿得皮包骨，是班里最瘦小的一个。我还承担着家里的一切家务活，洗衣做饭。我变得乖巧听话，也自卑敏感、内向谨慎，这样的性格让我后来的路走得更加艰难。

初中毕业后，我面临辍学的困境，因为家里的经济负担不起我的学费，父母想让我去工厂打工，工厂都给我找好了。但求学的渴望让我不甘心就此放弃，我通过打暑期工凑齐了学费，选择了一所职业学校继续我的学业。

毕业后，我带着对未来的憧憬，独自一人拉着行李箱来到了深圳。因为学历太低，没有工作经验，而且性格内向，我一直找不到合适的工作。无数份简历投递后石沉大海，无数次面试以失败告终。

为了生存，我做过各种零工，卖茶叶，摆地摊，去美容院做前台和客服，去深圳义乌商城做售货员卖床单、被套、小饰品，但这些工作只能勉强解决我的温饱问题。

02 学习让我找到生命的光，抓住改变命运的机会

我意识到，这不是我想要的生活，我不甘心我的命运就是这样。我和朋友尝试创业，从鸽子蛋项目到小吃店，都因为经验不足而失败，创业不仅耗尽了我的所有积蓄，还使我背上了债务。那几年，是我人生中最孤独和迷茫的一段时间，我常常一个人坐在月租几百元的出租屋里哭到天亮，感觉自己都要抑郁了。

每个月的负债利息和生活费让我压力特别大，就像身处海底，看不见希望的光，但我知道我必须奋力向上，我必须突破。我也

知道我的认知严重不足，圈子过于单一，只有投资自己才有机会。

于是我决定去破圈、去学习，在这个过程中我误打误撞进入了婚礼行业，成为一名婚礼策划师。刚开始由于自卑又内向，谈单屡次失败，但我没有放弃，几个月后我终于接到了第一个订单，策划了我人生中的第一场婚礼。从那以后我每天早起晚睡，坚持学习，潜心研究策划创意，于是开始有了第二场、第三场婚礼策划。指定找我做婚礼策划的客户变得越来越多，我仿佛看到了改变自己命运的机会。

因为婚礼策划做得有声有色，后来我被公司调去负责大型商业活动策划。开始接触商业活动策划后，我渐渐对商业产生兴趣，感受到了商业的魅力，于是我决定深耕这个行业，即使需要从基层做起，我也毅然决然地转行至品牌公司，开始了新的挑战。

03 职场归零重新出发，品牌行业的挑战让我攀向又一个高峰

一切又重新开始，我从一个小小的 AE 做起，经常面临对专业术语的困惑和业绩的压力。但我没有放弃，我从零开始学习，看各种品牌书籍，还常常花一两个月的工资参加各种品牌课程，结识很多行业大咖，我希望自己能独立策划品牌方案。我一个个

地给客户打电话，穿着10厘米高的高跟鞋一个个地拜访客户，跟客户洽谈，经常一个人加班到深夜。

终于，我能够独立完成品牌方案了。我给上市公司做品牌建设，给企业客户讲解品牌方案，给不同成长阶段的企业策划品牌方案，慢慢地我成了公司的月度、季度、年度销售冠军。做品牌的这3年，我有了巨大的自我成长，不仅还清了债务，更建立了自己的商业认知，服务了近百个品牌，其中包括很多上市企业和500强企业，也陪伴很多个新品牌走过从0到1的路程。

就在公司准备给我升职加薪的时候，我选择了辞职，职业生涯再一次归零。为了能够深度接触品牌和营销领域，在事业上升期，我放弃了安稳的生活，去寻找更多可能性。我加入了知名的国际4A公司，成为一名广告人。踏入新的领域后，我跟着团队进行一次又一次创作，慢慢地我开始独立策划企业完整的营销方案和活动策划。我服务了更多的大客户，帮助客户拿到更多的成果。

巨大的成就感和充实感让我一直精力充沛，但长时间、高强度、快节奏的工作让我的身体变得越来越差。我得了颈椎病，常常半夜偏头痛到彻夜无眠。

04

抓住知识付费风口，从零到千万，从品牌营销到过亿操盘

由于身体频频出现状况，我意识到了健康的重要性，于是我选择了辞职，进入了大健康养生行业。我真的感谢职场上一路提携我的恩人，让原本一度低到尘埃里的我，不断被发掘、提拔，是他们让我从尘埃中崛起。

通过学习、破圈，我接触到了许多行业的资讯，操盘过多个千万级项目，培养了敏锐的商业嗅觉。2017 年，我创立了知识付费平台，当年就实现了千万元的营收。我从一个品牌负责人成长为市场销售负责人，再到分公司总经理，最终成为亿级品牌操盘手，经营打造实体连锁品牌。

我第一次站在千人大舞台上做产品发布，聚光灯打在我的脸上，那是我第一次从幕后走到了台前。这也是我人生的一大转变，是我成为一名商业操盘手的起点。

2020 年前后，我们团队找到了线上这个突破口，开展了线上的招商会和直播，用两天时间临时组建了线上小分队，负责从组织到招募文案的撰写，带领团队通过线上一天招募会员 3000 名，创造了 1000 多万元的业绩，实现逆势增长。

后来我负责公司新品上市的操盘，从产品的研发测试到发布会策划，单品一上线发布 GMV 便破亿元。我也从操盘小项目做到了操盘过亿元的项目，从一人团队成长到管理万人团队。

那段时间我依然坚持学习、复盘、成长，我更深刻地理解了商业的运作，学会经营和管理，做好战略部署，带领团队打胜仗。

新的人生让我找到自我，越来越自信。

05

深耕大健康行业，践行传统文化，在智慧里修行，实现财富健康双丰收

在大健康行业深耕的这些年，我的身体也变得越来越好了。我从接触中医艾灸养生开始，慢慢喜欢上了中医，喜欢上了艾灸，也从中学会慢下来，与自己和解和相处。

现在的我，每年依旧会花6位数的费用去学习、去充实自己，和优秀的老师学习，向优秀的前辈付费。因为我深刻地认识到，**人永远赚不到自己认知以外的钱。这个世界，人与人之间，最大的差距不是能力，而是信息、认知、圈层。**

感恩我成长路上遇到的每一位老师。**如果你问我获得幸福的人生有什么秘诀，我想那就是找到好的老师，开启智慧，服务众生。**这几年，我逐渐意识到商业的终局是道法合一，是修身、修行、修心，我开始学习传统文化，学习经典中的智慧。

一路走来，我从一个内心脆弱的小女孩成长为一个强大的可以保护自己的女人，从原来自卑、不敢说话到可以站在千人舞台上演讲，从底层员工到企业高管，从月薪1500元到年收入百万元，从小职员到创业者，从中医小白到养生达人，从一无所有到内心富足。

如今，我又多了一个新的身份，成了一个孩子的妈妈。我享受着一段完全属于我和宝宝的美好时光。我觉得新时代的女性，事业家庭可以兼得，左手事业，右手家庭，人生可以更加精彩。新生命的到来，让我重新认识了自己。孩子是来照见自己的，疗愈自己的。育儿是体验，是陪伴，是快乐，是不断成长；教育是引导，是接纳，是允许，是一起成长。

未来的我，还会在商业领域继续深耕，成为优秀的商业操盘手，也会用心经营家庭，成为孩子的榜样。我正在成为那个理想中的自己。

生命这场体验，只愿不虚此行，人生至暗时刻往往就是光即将照进来的时候。无论何时，永远也不要放弃自己，相信自己，才会看见更精彩的世界。

一路走来，我苦过，哭过，迷茫过，抑郁过，而现在，我比任何时候都更加强大，而且拥有从头再来的勇气。

希望每个人，都能完成自己的生命蜕变之旅，获得自己的幸福人生。

从人生破碎到

影响千万女性实现婚姻幸福，

成就爱的喜悦人生

羽 仟

国家一级婚姻家庭咨询师

畅销书《幸福婚姻七堂课》作者

完成1万多个婚姻咨询、伴侣治疗案例

在让自己幸福这条路上，我走了20年。

曾经，我没有自我，一切为别人而活。我经历了不开心的童年、痛苦的亲密关系，婚姻破碎，事业破碎，人生陷入黑暗。

如今，我活成了自己喜欢的样子，生长出了有力量的自我，并且影响千万家庭实现婚姻幸福。

我是羽仟，希望我的故事，可以带给女性一些关于婚姻和亲密关系的思考。

01 讨好懂事——重男轻女下的“完美女儿”

我出生于黑龙江的一个小县城，在那个重男轻女的年代，我作为家里的第三个女儿出生，妈妈总是郁郁寡欢。我觉得她“不爱我”，所以，我从小就很会察言观色，表现得乖巧懂事，特别会讨长辈喜欢。家里有好吃的，我会假装不爱吃，让长辈和姐姐们先吃。我很爱吃咸蛋黄，但总一边说着“我不爱吃”，一边把咸蛋黄放到妈妈碗里。这时候妈妈就会很高兴，一边吃一边说：“这么好吃的东西，居然还有人不爱吃。”妈妈高兴我就高兴了。

就这样，我养成了讨好型人格，总想做一些让别人开心的事，来证明自己的价值。

为了让父母高兴，让父母为我自豪，我一直都特别拼命地学习，学习成绩一直名列前茅，顺利地考上了大学、考上了研究生，成了家里最有出息的孩子。父母希望我工作稳定，我就拼尽全力从千人竞争中脱颖而出，成为一名体制内的大学老师，也按父母的要求，顺从地结婚生子。

学业有成、工作体面、家庭圆满……看上去一切都很好，我活成了父母想要的样子。

02 婚姻梦碎——讨好与牺牲换来的却是离婚

进入婚姻后，我不自觉地像讨好父母一样讨好丈夫：他喜欢我怎么样，我就变成什么样，即便我自己不喜欢。他一不高兴，我就立刻反省自己、改变自己，觉得一定是我做错了什么；我从来不敢表达我的需求，双方有矛盾时，不管是不是我的错，永远是我道歉、求和……

美国心理学家米基·法恩说："我为了赢得爱，愿意做任何事情。"然而，那时的我并不明白，其实我的每一次讨好、妥协，都是在告诉别人，我是可以被随意对待的。

因为分居两地，我们出现了情感危机，我习惯性地把问题归咎在自己身上，觉得肯定是因为我陪伴他的时间少了，因为我没有照顾好他……为了挽回他，我不顾领导反对，辞掉了大学老师的工作，卖掉车子和房子，带着年幼的儿子，一腔孤勇地去了他所在的城市。

为了保住我的婚姻，我不惜让我前半生的努力全部归零。但可悲的是，这些牺牲和付出并没有换来幸福，3 年后，我们依然以离婚收场。

03 凤凰涅槃——离婚后的反思与蜕变

离婚后，我的生活跌入了谷底。没房子、没存款、没工作，徒留一身伤痛和未成年的儿子，那时候我窘迫到只能租日租房，无奈之下，我忍痛把儿子送回千里之外的老家。我杜绝了一切社交，和所有朋友都不联系，没有周末、没有休息、没日没夜地赚钱，只为养活自己、养活儿子。那段时间，我被痛苦、委屈、自我怀疑等满满的负面情绪裹挟，整夜整夜无法入睡。

一次深夜，我一边忍受着胃痛的折磨，一边蜷缩着身体盼望天亮，绝望到极点的时候，我的内心突然涌出一个念头："如果有一天，我有能力，我一定要去帮助那些在婚姻中痛苦挣扎的人，让他们不要经历像我一样的痛苦。"那一刻，眼前似乎有了一道光照亮了黑夜，让我全身充满了力量，也让我明白了自己承受这份痛苦的意义。

熬过了最难熬的夜，我开始深耕心理学，想要治愈自己，也为了实现我的梦想：帮助在婚姻中苦苦挣扎的人。我考取了“国家一级婚姻家庭咨询师”。

慢慢地，我明白，离婚并不等于失败，离婚也并不是自己不够好、不值得，而是我们的亲密关系出了问题。好的婚姻，首先需要夫妻双方的平等和相互尊重，其次需要彼此付出，而不是单方面地退让和过度付出。我瞬间释然，不再自责和自我怀疑。慢慢地，通过刻意练习，我学会了欣赏自己、爱自己。

当我放下讨好别人的姿态，生长出有力量的自我时，我的生活又一次发生了翻天覆地的变化：

经济上，我通过工作和投资实现了财富自由；

情感上，我找到了那个懂我、爱我、支持我的灵魂伴侣；

生活上，孩子考上当地最好的初中、高中，作品不断被发表，和我们的关系特别好。

我的人生，变成了自己喜欢的样子！

04

坚守使命——帮数万个家庭实现婚姻幸福

我一直记得那天深夜里的“声音”——我要帮助那些在婚姻里受苦的人。

我一边主攻婚姻咨询，一边成立了“喜悦人生”婚姻心理中心，为婚姻里受伤的人，提供专业的婚姻咨询和情感指导服务。

我带领团队，将我所学到和经历的每一点知识和经验，转化为帮助他人解决婚姻问题的实际行动。我们不仅帮助一对对夫妻找回了他们之间的爱，修复了数千个家庭的情感裂痕，更帮助数万女性找回了自我价值，学会如何在爱中保持自我，如何在婚姻中实现真正的平等与尊重。

面对那些带着伤痛和困惑前来寻求帮助的人们，我能深切地感受到他们的无助和渴望。我用耐心、理解和共情，倾听他们的故事，尽我所能地给予他们专业的指导和建议，每周我的咨询时长都在 30 个小时以上。在很多人看来，咨询师每天面对大量的负面情绪、糟糕的情感故事，是一件非常消耗自我的事情，但对我来说，这是一种幸福，即便身体很疲惫，我的内心却是充实和饱满的。

在我的帮助下，许多夫妻走出了困境，重拾了婚姻的幸福。每当看到他们学会正确沟通、处理矛盾、重建信任、重拾亲密，我都感到无比的欣慰和自豪。我能用我的经验和智慧，为曾像我一样陷入情感痛苦的人，点亮前行的情感道路，这是我从未想过的成就。

随着咨询的效果和口碑越来越好，我也被越来越多的人看见。我成为湖北省婚姻家庭研究会和湖北省心理咨询师协会的理事，民政局特聘的“婚姻专家”，《金牌调解》节目的特邀观察员……我的来访者越来越多，从我所在的湖北武汉，慢慢扩展到全国各地，甚至海外。

05

痛苦中开出花，成就爱的喜悦人生

除了婚姻咨询，我还积极参与公益事业，通过各种渠道宣传正确的婚姻观。我深知婚姻的幸福，对每个人、每个家庭，乃至社会都至关重要。因此，我希望自己的经验和故事能够被更多人知道，影响更多人，让更多人拥有美满的婚姻生活。

2023 年 6 月，我出版了书籍《幸福婚姻七堂课》。这本书是我十多年婚姻咨询经验的结晶，结合了我个人的成长经历和深刻的洞察，我在书中详细阐述了自己在咨询中发现的婚姻中普遍存在的问题及解决方案。这本书一经上市就获得了读者和各界的关注，并获得当当网婚姻和两性关系版块九榜第一的好成绩，之后又多次加印，并助力我获得了“第十届当当影响力作家”的称号。**这是对我的认可，也反映了大家对幸福婚姻的美好期许。**

偶尔我也会想起过去的痛苦和挣扎，但现在的我，对那段经历充满感恩。因为，正是那些经历，才让我找回真正的自己，并实现了自我价值，让我有机会去帮助更多的人。

未来，我将继续致力于婚姻咨询事业，用我的专业知识去帮助和影响更多人。我期待，每个人都能拥有甜蜜的情感、幸福的婚姻。而我，也会一直努力，始终陪伴，成为那盏指引人们走向幸福婚姻的灯塔。这是我的梦想，也是我人生的使命！

此刻，无论你在哪里，如果你也在婚姻中迷茫或痛苦，请你相信，你并不孤单，也请相信，一定有解决办法。**我在这里，愿意倾听你的故事，陪你走过风雨，帮助你开启疗愈与成长的旅程，重拾幸福生活的希望，迎接属于你的喜悦人生。**

阅尽城市色彩，
绽放生命繁花

李昕蒙

城市色彩规划师　　生命健康管理师
徐州市西蒙城市色彩设计有限公司董事长
中国控糖食品科技有限公司联合创始人

我是一位城市色彩规划师，我一直有个梦想，就是穿过城市的钢筋水泥，走过田园的蜿蜒小道，用七彩的魔棒涂写城市的现在与未来。

01 与命运抗争的童年

我来自上海，出生在物质匮乏的 20 世纪 60 年代。我在家里排行老三，上面有两个姐姐，父母给我取名“招弟”，希望我能为家里带来一个男孩。从小到大我总是穿两个姐姐穿过的衣服、鞋子，大姐穿完二姐穿，二姐穿完才轮到我。家里的衣服、鞋子几乎都是妈妈一针一线缝起来的，记忆中，妈妈长年累月很晚才睡觉，总在缝制或修补我们的衣服。

有一些事情历经许多年，还是历历在目。我从小就爱美，为了变美变白，会偷偷把弟弟用的痱子粉擦在脸上，有一次被爸妈发现后狠狠打了一顿。还有一次大姐买了一双红色高跟鞋，上学时被我偷偷地穿到学校，老师看到后就说我是“富家大小姐”，让我在教室后面罚站，我整整站了一天。但这些都不能让我服气。

倔强、不认命的性格在无声中抵抗着内心的委屈与痛苦，由此形成了我习惯与命运抗争的人格底色。

从小学到高中，我一直很优秀，我陆续担任过语文课代表、大队长、班长、学生会主席，我还是短跑运动员，能够出黑板报，写小说，在学校里是风云人物。我一直是让所有老师自豪的三好学生，更是爸妈的骄傲。

但是我一直有个心结：为什么我不能穿新衣服、新鞋子？为什么妈妈从来不给我买新衣服？为什么……无数个为什么，成为我心中的一道伤。

我的心中一直有一个念想：将来我一定要穿上世界上最美丽的衣服、最美丽的鞋子，用上最好的化妆品，游遍全世界，放飞梦想，舞动人生。

02 我的生命"繁花"之路

1984 年，学业有成后，不服输、不认命的我一路逆袭打拼成为商贸公司的销售冠军，月收入近万元。我实现了儿时的梦想，也成了家族的希望，我拥有了汉字 BB 机、模拟大哥大、木兰摩托车，在《潇洒走一回》的歌声中带着"招"来的 3 个弟弟开了一家海鲜砂锅居，同时又在徐州最繁华的二步街经营着两家服装店，去上海、广州进货，成为引进纱裙的徐州第一人。

电视剧《繁花》唤醒了我的记忆，让我重温了那个时代的繁华与激情。20 世纪 90 年代，改革开放的浪潮下，我成为时代的

弄潮儿，国家让一部分人先富起来的理念，助力我赚到了人生的第一桶金。

可好景不长，海鲜砂锅居因过于前卫，经营3年后关门大吉，最大的打击是我被朋友欺骗，投资十几万购买原始股，最终竹篮打水一场空。我欲哭无泪，仿佛又回到了人生的原点。

但倔强如我，不论身处何种逆境，都不会低头，不会流泪，否则“坏人会笑，王冠会掉”。短暂的失败只是人生另一个起点，准备好重新开始才是我们送给自己的最好的礼物。

03

走入色彩搭配，改变我的一生

困苦之中，我开始寻找新的商机。1999年，一次偶然的机会，我从《瑞丽》杂志上看到中国即将兴起新的行业——色彩搭配师，便眼前一亮，我毫不犹豫地拨打了北京114电话查询。

1999年，我师从中国色彩形象第一人于西蔓老师，学习四季色彩理论。

2001 年，我跟随日本陈列界泰斗大桥雅子老师学习商品陈列。

2002 年，我跟随国际知名形象顾问专家和时尚教育家多丽丝·普瑟大师学习基本衣橱构成、个人最佳色彩及款式分析、肢体语言及整体个人形象指导等。

同时，我还在学习色彩心理学。那时的我累并快乐着，也由此成就了我终身爱学习的标签，不念过去，不畏将来，只为明天更美好。

2002 年，我注册成立“丽颜”色彩工作室，践行色彩美学形象设计。但是那个年代连相关管理部门对色彩都没有概念，更别说老百姓的认知了。很多人会说我穿什么颜色的衣服为什么要听你的，我自己会穿，穿得很美！

什么是色彩诊断？春有百花，秋望月，夏有凉风，冬听雪，但没人愿意听，更别说有人掏钱请我做色彩诊断了。人们看我时那异样的眼光，就像在打量外星人，我的观念太超前，家人便劝我放弃。

但是好强、不认命的性格让我不甘就此罢休，我认准了我要走的路就是七彩之路，色彩形象之路大有前景，只是人们不熟悉、不理解，暂时难以接受。同时我也意识到色彩技术本身不难推广，最难的是人们观念的改变以及色彩市场的培育，而这些绝不是一朝一夕可以做到的，那么我就要有足够的耐心和毅力坚持到最后。

于是我租了 4 间办公室，一个月房租 4000 元，在当时是相当大的投资。我坚持了一年又一年，送走了一波又一波学员。在看不到希望的时候，我也曾无数次挣扎，无数次徘徊，无数次痛苦自问。但色彩已融入了我的生命轨迹，我的一呼一吸都是它的气息，我告诉自己要坚持，只要坚持 10 年做一件事，就可以成为行业的领军人物，登峰造极的专家。

人生便是在起伏间寻找那一丝可能，就这样我坚持到了柳暗花明，春暖花开的时候的到来。

2003 年，我荣获中国流行色协会理事称号；

2004 年，我为金鹰做的迎奥运主题卖场陈列获得优秀奖；

2005 年，我获得中国形象设计师大赛冠军；

2006～2007 年，我受邀 CCTV2“中国美容时尚周大赛”优秀评委；

2008 年，丽颜色彩工作室获得“中国形象设计名师名店”称号。江苏各大媒体、电视台争相报道：淮海经济区第一家专业色彩顾问培训机构丽颜色彩 · 造型让徐州人都漂亮起来了。

我的人生因“色彩”而精彩！

04 深耕城市建设，用色彩为城市赋能

对色彩的敏锐和对城市规划建筑的思考，让我迎来了事业的又一高峰——城市色彩规划。我再次跟随日本老师学习城市色彩规划，跟随城市历史文脉，调研大街小巷，观察山川河流，考究人文地理，挖掘城市的地域色彩，为城市塑造了一张张色彩名片，摆脱千城一面，让色彩为城市赋能。

2009年，我和于西蔓老师及亚洲城市色彩规划泰斗吉田填悟老师共同为我的家乡徐州做的城市色彩规划获得了亚太地区大奖。徐州的城市色彩规划开启了中国城市色彩规划落地实施的先河。

2013年，我独立为云龙湖部分景观做的设计获得建设部的大奖。

2011～2022年，我为徐州市睢宁县、贾汪区、沛县，贵州兴义市等十余个城市做色彩规划，旧城改造，城市更新。

城市色彩是看不见的文化色脉，是看得见的美。

城市色彩规划最重要的是找到那个城市的文化色脉，去发现它的颜色基因。城市是有历史的，城市是有故事的，城市是有情感的，城市是有文化的……**城市所有的内涵，都应该用色彩外化出来，借着色彩专家的手挖掘出来，还原给这个城市，让色彩为这个城市讲故事。**

05 绽放生命繁花，回归生命平凡

一路走来，对美、对色彩的追求让我在这条路上不断探索，去拿到我想要的结果。我最大的感触就是，当你想成为行业领军人物，当你有梦想，想绽放，想活得淋漓尽致，就必须先俯下身子，先低到尘埃里，不断地去努力，去坚持。即使路上充满了荆棘，即使前方没有了路，但依旧靠着你的双脚，靠着坚忍不拔的意志，靠着信念，朝着梦想坚持，就可以在这条路上走出辉煌，照耀自己，也影响他人。

每个人都是一个闪光的能量体，需要一种外力和内力去碰撞，才能碰撞出生命的火花。而我就与色彩规划碰撞出了璀璨的生命火花，让自己成为一个小太阳，被温暖着，也温暖着别人。

这一路走来，经历过被怀疑、被否定，但我从未退缩，以最美的姿态展现自己。如今60多岁的我，承载着家族的使命再次起航，如同“乘风破浪的姐姐”，躬身入局唐潮低GI食品及控糖产业，服务6万余名控糖爱好者。**以天然无添加、健康用糖千万家的理念，带领控糖爱好者三餐减糖，日常控糖。**

我坠入过谷底和幽暗，深知涅槃之不易，**所以我不断学习，升级迭代自己，活成自己想要的样子。**

我觉得，创业就是一场人生修行之旅，完成从平凡到非凡，再回归平凡的英雄之旅。愿你我都能完成英雄之旅后满载而归，看世界，见众生。

我是李昕蒙，很高兴在茫茫人海中与你相遇。

用心开启

人生路上的每一扇门

张志强

世界三大数学新猜想提出者

清华大学访问学者　　山西大同大学副教授

人生路上会有各种各样的门，有些看似普通平凡，却蕴含着无限可能；有些虽显坚固艰难，但只要我们用心去开启，就会发现其实那只是一扇虚掩的门，后面是一个宽广的世界。

用心开启人生路上的每一扇门，才能看到更广阔的世界，才能发现隐藏在背后的更多的可能性。

01

1985 年的一封信里藏着怎样的故事，开启了一扇什么样的门

一个中学生为什么要给北京航空航天大学（以下简称“北航”）的教授写信？这封信里藏着什么样的故事呢？

一个 16 岁少年的想法是如何与历史上最伟大的数学家欧拉的思想相撞的呢？

1985 年，16 岁的我给北航的教授写了一封信，因为我看了一些著名数学家和著名数学猜想的故事，对数学问题产生了浓厚的兴趣和探索的热情，并沉迷其中。

高二时，我在一本杂志上看到了北航教授李心灿的文章，就萌生出一个念头，给李心灿教授写了一封信，讲述了自己的一些数学发现和数学猜想，这就是那封信的缘起。

没想到的是，李老师对于我这样一个中学生的想法给予了热

情的回信，而且专门请了一位老师给我介绍了很多有关方面的知识。更没想到的是，我在这位老师给的资料里竟然和世界上最伟大的数学家欧拉的思想相撞，在同一个问题上和数学家欧拉有着相同的猜想。

作为一个 16 岁的少年，可以想象当时的我内心有多么激动！

在这段时间里，对于世界三大数学猜想，我提出了更高维度推广的新猜想。

02 世界三大数学猜想

1. 费马猜想

费马被称为世界上最厉害的业余数学家，他为数学界做出了很多贡献，其中最著名的贡献是费马猜想。费马猜想是一个比哥德巴赫猜想更有名气的数论难题，历经长达 350 年的时间，于 1995 年终于被英国数学家安德鲁·怀尔斯彻底攻克，后被称为费马大定理。1996 年 3 月，怀尔斯因此荣膺沃尔夫奖。费马猜想不仅仅是数论中的一个著名难题，更在于它是“一只会下金蛋的鸡”，因为人们在研究它的过程中，促进了代数数论和算数代数几何学的建立，还发展了一系列先进的数学技术，形成了现代数论的前沿，给整个数学界带来了巨大财富。

费马的猜想是当整数 $n>2$ 时，对于如下不定方程：

$$x^n + y^n = z^n \qquad (1)$$

没有正整数解。

2. 四色猜想

四色猜想的提出始于 1852 年。当时，年轻的英国地图制图师弗朗西斯·格斯里在观察一张地图时提出了一个想法：如果给地图着色，要使地图上相邻区域的颜色不同，只用 4 种颜色就够了。后来，它成了著名的世界三大数学猜想之一。

124 年后，这个猜想借助计算机获得了证明。四色猜想的被证明不仅解决了一个历时 100 多年的数学难题，而且也成为数学史上一系列新思维的起点。在关于四色猜想的研究过程中，很多新的数学理论和计算技术也随之产生，极大地丰富了人类的知识库。

3. 哥德巴赫猜想

1978 年，《人民文学》曾经发表过一篇轰动一时的徐迟先生写的报告文学《哥德巴赫猜想》，顿时陈景润这个名字家喻户晓。陈景润的故事被大家广为传颂，他的事迹也深深地鼓舞了那一代人。

哥德巴赫猜想说的是对于任意一个充分大的偶数都可以表示为两个素数（也叫质数）的和，哥德巴赫猜想至今尚未被证实，最好的成果是我国数学家陈景润取得的。

03 世界三大数学新猜想

1. 费马猜想的推广（张志强猜想之一）

费马猜想只是针对 3 个变量情形下的一个猜想，如果考虑多个变量呢？于是我提出如下猜想：

对于不定方程

$$x_1^{\ k} + x_2^{\ k} + \cdots + x_n^{\ k} = y^k \qquad (2)$$

当 $k > 2^{n-1}$（$n \geqslant 2$）时，不存在正整数解。

我们可以看到这是一个对费马大定理更高维度的推广，费马大定理只是这个新猜想 n = 2 时的一个特例，因此它有着更大的价值与意义。

对于上面的猜想，我们也可以给出一个更为宽泛的条件，就是下面的猜想：

不定方程（2）对于任意（n>2），一定存在某个正整数 N，当 $k > N$ 时，上述方程没有正整数解。

这是我对费马猜想的更高维度推广的一个新的数学猜想。

2. 四色猜想的推广（张志强猜想之二）

四色猜想只是考虑了二维面上的着色问题，如果我们考虑更高维度空间的着色问题呢？因此我提出了如下这样一个新的猜想：

对于n维空间区分不同区域，只需要2的n次方（2^n）种颜色就够了。

比如二维面上只需要4种颜色就够了，这就是之前著名的世界三大数学猜想之一的四色猜想（四色定理），三维空间区分不同区域只需要8种颜色。

关于四色猜想，英国作家罗宾·威尔逊在他的《四种颜色就够了：一个数学故事》这本书里描述了一个关于色彩和地图的故事，一个关于思考、证明和解决问题的故事，一个关于数学及其无穷魅力的故事。这里我们引述书中的一段，来看看这个问题的引人入胜之处：

这个问题最吸引人的地方在于，任何人都能一下子理解题意，但全世界的数学家耗费了一个多世纪才完成证明。

现在，所有已知的证明方法在很大程度上都依赖计算机，但是就像罗宾告诉我们的那样，证明远远不是"直接用计算机计算"那么简单。从数学角度来看的确如此，因为这个有趣的问题涉及的远远不止算术和代数，它与结构和概念有关，还涉及可视化推理。

1976年，沃尔夫冈·哈肯和肯尼斯·阿佩尔提出了最终解决办法，这个方法需要超过1000小时的计算机计算时间。这让人既感到欢欣鼓舞又觉得有一些沮丧。值得一提的是，数学家至今仍在争论：如果一个问题的解不能直接用人工检验，那么能否认为它已经被解决了？

如果我们把四色猜想推广到多维空间，将会带来更加深远的贡献。

推广着色问题到更高维度的研究，将有助于拓展我们对抽象数学概念的认识和应用，并激发数学家们在一个更加广阔的研究领域中进行创新和探索。

它将为数学界提供新的挑战和启示，并为科学和技术领域的发展带来积极的影响。

3. 一个与哥德巴赫猜想对标的新猜想（张志强猜想之三）

也是在那段时期，我提出了一个对标哥德巴赫猜想的新猜想：

对于任给的一个正整数 n，一定存在某个偶数，它可以表示为两个素数（质数）的和的方式有 n 种。

例如：

n = 1 时，存在 8 = 5 + 3；

n = 2 时，存在 10 = 3 + 7 = 5 + 5；

n = 3 时，存在 22 = 3 + 19 = 5 + 17 = 11 + 11；

……

04 一段难以忘记的艰难岁月——33岁开启读研之门

2002年，我已经33岁了，工作了10年后，又考取了山西大学数学科学学院的硕士研究生，带着妻子、孩子一起去了太原。

当时以每月180元的房租租下了在山西大学旁边许西村的一间房子，当时我的收入是每月学校补助的251元。我们把儿子送进了就近的一所幼儿园，妻子也去这个幼儿园当了老师。经济上拮据，但不影响我每日生活的充实与快乐。

转眼到了2004年，没曾想我在这一年生了一场大病，而且整整病了近一年，全身疼痛，做了一次大手术，两次住院，有时候甚至走十几步都很费劲，体重最低的时候只有七十几斤，远在家乡的父母两次来太原陪护。直到2005年我才逐渐恢复。

熬过了艰难岁月，此后更有了面对生活中一切困难的勇气。

05 与清华的缘分——45岁步入清华校门

2012年读博期间，我偶然看到了清华大学刘宝碇教授创立的不确定理论，非常感兴趣，就想着用这套理论研究自己的课题。

2014 年 7 月，我写了一封邮件向刘宝碇老师请教，很快收到刘老师回信，他还向我推荐了一个在洛阳召开的不确定理论高级研修班。在洛阳我第一次见到了刘宝碇老师，他把我的文章用红笔标注了很多需要修改的地方，非常仔细，我深受感动。

2014 年 10 月，清华大学召开了一场关于不确定理论的研讨会。会后刘老师问我愿不愿意来清华学习，于是我开始了在清华学习访问的生活，并发表了 4 篇 SCI 论文，结识了很多的教授和清华博士。

06 开启新的梦想之门

少年时代提出的对于世界三大数学猜想的一些新猜想，或从更高维度做了推广，或从另外的角度给出一种新的思路和想法，我相信它们有着更深刻的意义。

我有一个梦想，希望像诺贝尔奖、沃尔夫奖一样，出现有缘人来以你的名字冠名设立奖金，**用于奖励那些能够证明这些猜想的人，一起做一件贡献人类科学发展的事。**

用心开启人生路上的每一扇门，是我们在追求梦想和实现目标的过程中应有的态度。每一扇门都意味着一个新的机遇和挑战，只有用心去开启，才能发现其中隐藏的宝藏和可能性。

我们的人生之路充满希望和光明，让我们用心开启人生路上的每一扇门，去探索未知的领域，去挑战自己的极限，去创造属于自己的精彩人生。愿我们在用心开启每一扇门的过程中，收获坚强和丰盈的自我，收获成长和幸福，走向更美好的未来。

每个人

不是大海里的一滴水，

而是一滴水里的整片大海

恒星

前日本电子企业部门管理兼翻译

餐饮行业合伙人

我觉得，每个人不是大海里的一滴水，而是一滴水里的整片大海。

我的童年生活，常常处于在自由和不自由的两个极端。

自由的是我跟小伙伴们经常在阳光下肆意地奔跑，跟蜻蜓斗智斗勇。小时候，我感觉天特别高，白云在上面游走，晚上的星星也特别亮，繁星点点的夜空真的很好看，现在的孩子可能体会不到。我们去拔萝卜、摘茄子，还有疼爱我的姥爷会带我去买冰棍，那微甜的冰块曾是我的心头爱。无忧无虑、奔跑自由的童年时光，是我最深刻的记忆。

不自由的是，因为爸爸是军人，比较严肃，我们家的家教很严，爸爸身上的严谨也一直影响着我。那个年代武侠和言情小说很流行，男生爱看武侠小说，女生爱看言情小说，有一次爸爸发现我看小说，差点把我的书撕掉。他希望我好好学习，所以中学的时候有男生递小纸条说喜欢我，我看到后会马上撕掉，因为担心被父母发现，我也变成了别人看来很文静的小女孩。

01

勇往直前：
大学生活的自由与独立，远赴日本留学，自力更生

大学第一年是我青春期最自由放松的一年，我离开了父母，宿舍 8 个姐妹特别合群，每天早早起床，梳洗打扮，背着书包在校园里挽着胳膊并排行走，有说有笑。放假了我们就一起坐着火车到另一个城市的姐妹家里玩几天，舍友的父母也都特别朴实热情。

那期间，我第一次看到了我以为是海的湖，它太大，太美了。我很喜欢海，喜欢它的广阔，好像能包容一切，就像我的妈妈。

妈妈跟着爸爸从农村来到城里生活，见到了很多在农村里没有见到的东西，所以妈妈很开明，很包容，支持我的一切小的要求，让我可以四处走，允许我去不同的女同学家里玩。

从那个时候开始，我就特别爱往外走，大一刚结束时，我有了一个去日本留学的机会，留学费用并不低，但我依然得到了父母的支持。我第一次坐飞机到了日本，开始了半工半读的留学生活。

我第一次看到了外面的世界。那时候的日本比较发达，我很多的第一次体验都是在这里，比如冰箱大小的咖啡自动贩卖机，扔一枚硬币就自动弹出纸杯和咖啡来，那种感觉很是新奇。当时学校没有几个留学生，所以校长和老师也比较关照我们。我读了两年语言学校后考上了北海道的札幌大学，从大二开始直到毕业连续三年拿到了奖学金，减轻了一点经济压力。

令我印象最深的就是刚到日本时，第一次进超市，我发现超市里的商品价格按照当时的汇率换算成人民币都是国内商品价格的几倍，突然发现我的家人只能供我这一年的生活费。所以在超市我只买了一包盐和一袋土豆。这里的物价太贵了，从此我开始了兼职之旅。一个留学生朋友帮我和同学介绍了送报纸的工作，我们骑着自行车挨家挨户送报纸，每人负责一两个街区。当时是冬天，北海道的雪很大，地面结了冰，我为了赶一个绿灯赶紧过马路，摔倒在路中央，我又害羞腿又痛，因为报纸很沉，自行车拽起来很费力，但是两边的汽车都静静地等着我，没有人按喇叭，离我最近的那辆车的司机冲着我点点头，示意我先走，我在陌生的国度感受到来自陌生人的善意，也想把这份善意传递给更多人。

送了一个月报纸后，又有留学生朋友介绍我到餐厅当服务员。我白天上学，放学后就到餐厅一直工作到深夜。学校、餐厅和家三点一线，一干就是6年。最累的一次是下班后，半夜回到家里，因为太累了，拿着一块饼干，想着闭一下眼睛就吃，结果就这样睡着了，早上醒来发现手里还捏着那块饼干。不过餐厅服务员的经历对我后来在国内开餐厅也有很大的帮助。自力更生的打工经历，也让我能够更加勇敢地面对生活中的挑战。

02 遇到人生伴侣，事业生活同步发展

日本留学给我带来的最大的收获，是我在那里认识了我的老公，他在东京，我在札幌读大学，他经常坐飞机来看我，我们也有了很多新鲜的经历：第一次结伴去游乐园，第一次去海底世界，第一次去东京迪士尼……回忆都太美好了。我们曾一起去看海，看着海的对面说“那就是我们的国家吧，我们毕业就回去”，我们一起规划未来，规划结婚……

前段时间爆火的电视剧《繁花》，玲子和强总的那段在日本的青葱岁月，他们的穷苦模样、他们的对话以及那些场景画面都让我共情在日本的时光，那段流血流汗流泪的时光，虽然打工、上学很辛苦，但生活苦中有乐，有爱情的滋润，有对未来生活的向往。那段记忆很甜蜜，甚至在回国后的几年，每当我回想起来仍历历在目，嘴角上扬。

日本经常会发生地震，我经历的最大的一次地震是我当时在商场，灯在晃动，旁边摆放的碟子、瓶子，货架子上的物品也乒乓作响，时间持续了两三分钟。那种震动让人惊恐，感觉房子要塌下来，看着老公保护我的样子，我感觉跟他在一起很值得。

毕业回国后，我在一家电子企业做电子生产部门的管理兼翻译工作。随着我们第二个孩子的出生，我们决定创业，并误打误撞进入了餐饮行业。完全不懂行的我们慢慢摸索，发展得很顺利，从一家店扩张到几家店，在广州、上海都开了分店。

我喜欢到处旅行，有了一点积蓄后，我们开始带着两个孩子去美国、韩国、日本、新马泰游玩，送孩子们去新加坡留学，教孩子独立。

03 步入中年，重拾梦想，追寻生活的平衡与美好

后来餐饮行业经历寒冬，从 8 个店缩减到 4 个店，我们开始思考转型。我接触到了一条新的行业赛道，认识了一群朝气蓬勃、自强不息、向上拼搏的现代女青年，在她们身上看到了我年轻时的状态。**人的潜力是无穷的，只要你想要去做。**以前半工半读的生活让我早早独立于社会，凡事靠自己是我的人生信条。

孩子们渐渐步入青春期，有了自己独立的思考方式，有了自

己的朋友圈。而我也有了更多的时间去思考：自己想要再去追寻的是什么？我想重拾梦想，发现生活中的美好与惊喜。

朋友说：人到中年，女人要富养自己，散养孩子，放养老公，这才是最舒服的生活方式。确实如此，**允许自己做自己，允许别人做别人。**于是我决定不再追求凡事有结果，每天踏实地在生活中发现和记录美好。现在的我每天阅读、写作、健身、做瑜伽，冥想、内调、保养……不断找寻自我的意义。

杨绛先生曾说："当你看过世界，见过众生，才发现你要见的世面，是自己内心的勇敢和自信。当你看过四季，见过风云，才发现你要见的美景，是自己内心的淡定与从容。"**任何时候都要抱有对美好生活的向往和追求。**沿途有风景，背后有阳光，让我们一起慢慢走。

很喜欢一首歌：

我能想到最浪漫的事，

就是和你一起慢慢变老，

一路上收藏点点滴滴的欢笑，

留到以后坐着摇椅慢慢聊，

……

年轻的时候听到这首歌，“摇椅”这个词就让我印象深刻，我在脑海里想象那个画面，最向往的最美好的生活，不过就是：坐在摇椅里，画着淡妆，穿着优雅的衣服，戴上老花镜，慢慢打开一本书……

成长的每一个阶段都是珍贵的回忆，感恩遇到的每一个人和每一处风景。生命的旅途中，一路风景美丽，保持着对美好的向往与追求，畅游岁月的涟漪，摇椅上的岁月风景，阳光温暖。

我是恒星，很高兴认识你，相信岁月的美好，正在来的路上。

我的复利人生——从小镇白糍女孩到畅销书作者

庞 霞

喜心家食品创始人　　10 年私域社群运营

国家广播电视总局全媒体运营师

我是庞霞，家族三代传承着制作玉林白糤的技艺，我的童年记忆，就是跟随奶奶、妈妈学习制作白糤。对我来说，白糤不仅是食物，更是家族的精神象征、家族的传统文化基因，是非遗手艺的延续。这种传统文化的魅力，让我汲取了智慧，学会了如何以复利的方式积累财富和人生经验。

从小镇里走出来，到喜心家食品的创始人、“玉林好形象”、玉林首届网红大赛亚军，再到十年私域社群运营、国家广播电视总局全媒体运营师和畅销书作者，我的成长之路并不是一帆风顺的，和很多女性一样，成长过程充满了挑战和困惑，但更多的是坚持与向前。

01

承载着家族情感和记忆的白糍，幸福了我的童年生活

我出生在一个宁静而充满传统气息的小镇——有着“千年古州，岭南都会”美誉的玉林，我的家族在这片土地上传承了三代制作玉林白糍（也叫大米花）的技艺。我的幸福童年是伴随着白糍的香气度过的。

每年秋分过后，奶奶和妈妈会在清晨，晨曦透过窗户、洒进厨房时，开始制作白糍。她们将精选的雪白的糯米浸泡后蒸熟，再用特殊的阳刻模具，在糯米胚上刻出各种印有“福、禄、寿、喜”的精美的艺术字样。最后，她们将糯米胚晒干后放入糖水中，过糖后再经过油炸。这样经过十多道复杂的制作工艺，诱人的白糍就完成了，做好的白糍洁白如玉、口感酥脆。这个制作过程看似简单，但每一个步骤都需要精湛的技艺和细致的操作。

在我的眼中，白糍不仅仅是一种食物，更是一种家庭情感的传承。每当家里制作白糍时，亲戚们都会聚在一起，一起做白糍，一起品尝酥脆的白糍。这种温暖的家庭氛围让我感到无比幸福和满足。

妈妈总是告诉我：“小霞啊，你知道吗？白糍不仅仅是一种食物，它承载着我们家族的情感和记忆，是我们家族的骄傲。我们外地的亲戚、国外的亲戚每年都要吃我们家乡的白糍呢。”每当听

到这些话，我心中都充满了对家族的自豪和对传统文化的敬意。

对我来说，白糤象征着家族的凝聚力和对传统家风的尊重，也承载着奶奶和妈妈坚韧富足的精神，她们的善良也给了我无尽的力量，让我有了继续传承下去的决心。白糤的制作工艺，如同一部家族史诗，代代相传，承载着家族的智慧和喜悦。

02
传承复利：家族基因与传统文化，我的走出与回归

小时候的我心中充满了对外面世界的向往。我渴望走出这片土地，去看看外面更大的世界。毕业后我离开了家乡，当我走出小镇，走向更广阔的世界时，在大城市的繁华与喧嚣中，我发现自己面临着巨大的挑战。

现在很多年轻人只喜欢快餐，很多人并不理解我为何要坚持传承白糤这种看似过时、土里土气的特产。很多人对这份传统美食并不了解，甚至带着一丝不屑和嘲笑。我陷入了迷茫，不禁开始怀疑自己的选择，自己是否应该继续坚持这份对小镇和传统的忠诚。面对外界的新鲜事物和文化冲击，我开始思考家族传承的意义与价值。

一次，我带着妈妈送来的白糤参加了老乡举办的传统文化分享会。当那股熟悉的酥脆香味充满口腔时，我心头一震，仿佛回

到了那个充满幸福与温暖记忆的小镇。那一刻，我突然明白，家族传统并非是一种束缚，而是一种力量。它代表了一种坚韧不拔的精神和源远流长的文化，是我独一无二的宝藏。

每当夜深人静，我总会回想起奶奶和妈妈在厨房里忙碌的身影，她们用心制作着每一个白糤，传递着家的味道和温暖。这份回忆让我重新找回了自己的初心和坚持。我深知，自己的根在这里，家族的骄傲和荣誉也在这里。

我找回了自信、勇气和力量。我开始重新思考自己的成长道路和家族的传统，并试图将它们融合在一起，开创属于自己的未来。我有一个坚定的信念，那就是要将家乡的传统美食名片——玉林白糤，带到更大的舞台上。

03 品牌复利和经验复利：用品牌为家乡文化代言，认知觉醒与自我成长

我和家人一起创立了“喜心家”品牌，主营白糤与月饼。我希望通过这个平台，将“喜”文化、“家”文化以及家乡的传统美食传播、传承下去，让更多的人品尝到白糤酥脆的美味，将“喜心家”品牌打造成全球“喜文化”形象。

我走过了微商时期、社群时期、电商时期，持续学习能力、

复盘能力以及连接能力是我的成长“三板斧”，让我跨越不同时间周期，实现了经验的积累与升级，掌握了不同的知识和技能，形成了“喜心家”独有的核心竞争力和增长模型。

经过多年的努力和发展，“喜心家”食品已经成为一个备受瞩目的品牌，不仅赢得了消费者的喜爱和尊重，还带动了家乡经济的振兴和发展。

我用自己的实际行动证明了，走出小镇又回归小镇并不是焦虑迷茫，而是对家族传统和家乡的深深眷恋和热爱。虽然外面的世界充满诱惑和未知，但我始终坚守着对家族传统的热爱和尊重。我坚信，**每个人都有自己的使命和价值，而我的使命就是将这份传统美食和美食文化传承下去，并将它发展成为世界民族品牌。**

我深知唯有不断学习、不断迭代，才能在这个日新月异的时代中立足。**唯有深耕一个领域，持续不断地投入时间和精力，才能打造出属于自己的核心竞争力。**我常常主动闭关专注学习成功企业的案例，从老干妈、海底捞、胖东来的文化管理，到董明珠、雷军的营销策略，再到华与华的知名品牌案例，私域发售的流程实操，从中找到指引我前进的智慧和力量。

我明白了“慢即是快”的道理。竹子在最初几年里几乎看不到生长，但 5 年之后，却能在半年时间里快速长高到 30 多米。竹子定律告诉我，这种“看不见”的 10000 个小时的积累，正是普通人在长期主义复利下的体现。**只要找好自己的定位，认准一个领域持续深耕，就一定能够得到时间的奖励。**

未来我将发起“白糍姐姐计划”，通过销售“喜心家”白糍、月饼、粽子等产品筹集资金，用于资助贫困地区的孩子们接受教育，帮助百名孩子圆上学梦。

04 善良复利和金钱复利：至暗时刻的光芒

近两年，我过敏咳嗽的症状加重了，甚至因肺部感染需要长期吃药，这些病痛让我深刻体会到了健康的重要性。然而，在这段至暗时刻，我在“身所”遇见了一束光。“身所”要求讲究形体仪态、旗袍礼仪，在一呼一吸间，我不仅保持着好的身体状态，身心灵也慢慢地有了变化。

我还找到了疗愈自己的方式——冥想与食疗。我用自己的影响力，积极推广白糤，通过月饼 + 茶文化沙龙，让更多人了解和感受到传统文化的魅力。同时，我也结识了一群志同道合的女性，我们共同成长、蜕变，成了彼此的支持和力量。

我每年都参与社会公益活动，如扶贫、慰问儿童和关爱老兵等。**我看到了善良的力量是如何改变他人的生活的，这样的付出让我感受到了内心的充实与满足，体会到了善良复利的魅力。**这些社会公益活动，不仅让我在精神上得到了滋养，也为我的创业之路打下了坚实的基础。

幸运的人一生中会遇见贵人，幸运的我遇见了金滢，她是胡润 U30 中国创业领袖，福布斯环球联盟女性创业家，同频新商学创始人，也是我人生的重要导师。我和金滢老师一样，小小的个子，大大的能量，她教会我用高客单 IP 模式让 1000 个超级用户主动复购 10 年。**金钱的复利不仅仅是投资带来的回报，更是对自己大脑的投资带来的回报。**我陆陆续续投资大脑数十万元，不断提升自己的认知和价值。

我和金滢老师、李海峰老师等人同频共振，将我们的经验和故事结集成书。我希望看到我的人生总结，能让更多人得到启示和鼓舞。通过这本书，**我希望能够帮助更多的人找到属于自己的复利之路，实现自己的梦想和目标。**

未来我计划每年通过出书，分享女性创业成长的智慧。同时，我还想带动更多玉林地区代表性品牌创始人或影响力人物共同出书，以此推动家乡的文化发展，助力喜心家食品走向全球，让更多的人品尝到非遗玉林白糍和月饼。

从一个普通的小镇女孩，到如今的持续创业者和畅销书作者，我经历了太多的挑战和成长。但正是这些经历，让我更加坚定地走在了自己的道路上。只要我们保持善良、向上生活、自我成长迭代，就一定能找到属于自己的光芒之路。如今，我迎来了自己心力更坚定的一年。**我将以喜悦、心力和家风为核心，用复利思维，过顺流人生。**

我希望自己能够影响更多的女性勇敢追求自己的梦想，帮助更多的女性轻松创业，活出持续向上、喜悦的精彩人生。